1分钟图解科学

了不起的物理

[韩]金亨真 [韩]尹庸硕
[韩]崔熙贞/著
[韩]金锡 [韩]宋祐汐/绘
王筱宣 李敏姝/译

江苏凤凰科学技术出版社 · 南京

图书在版编目（CIP）数据

1分钟图解科学 / (韩) 金亨真，（韩）尹庸硕，（韩）崔熙贞著；（韩）金锡，（韩）宋祐汐绘；王筱宣，李敏姝译. — 南京：江苏凤凰科学技术出版社，2022.9

ISBN 978-7-5713-3037-8

Ⅰ. ①1… Ⅱ. ①金… ②尹… ③崔… ④金… ⑤宋… ⑥王… ⑦李… Ⅲ. ①科学知识—青少年读物 Ⅳ. ①Z228.2

中国版本图书馆CIP数据核字（2022）第114392号

1分钟图解科学

著　　者　[韩]金亨真　[韩]尹庸硕　[韩]崔熙贞
绘　　者　[韩]金锡　[韩]宋祐汐
译　　者　王筱宣　李敏姝
责任编辑　洪　勇
责任校对　仲　敏
责任监制　方　晨

出版发行　江苏凤凰科学技术出版社
出版社地址　南京市湖南路1号A楼，邮编：210009
出版社网址　http://www.pspress.cn
印　　刷　天津丰富彩艺印刷有限公司

开　　本　718 mm × 1 000 mm　1/16
印　　张　26
字　　数　650 000
版　　次　2022年9月第1版
印　　次　2022年9月第1次印刷

标准书号　ISBN　978-7-5713-3037-8
定　　价　108.00元（全3册）

前言

随时随地 1 分钟 四大学科轻松学

本书版权授权自韩国魏茨曼（Weizmann）英才教育。英才教育提倡培养学生的专业科目和特长，使专业能力上升，以提高竞争力。通过活泼、多元的学习方式，让学生在生活中学习，增加对专业科目的兴趣。韩国中小学生中，有 1%~2% 的孩子接受英才教育。

我国小学阶段的科学课实际涵盖了物理、化学、生物学、地理等学科知识，初中阶段正式增设了这 4 门学科。学生如何充分利用小学和初中的黄金时间，利用日常学习及生活的"边角料"时间，高效理解新知识，并点亮探求科学的火种，就显得尤为重要。本书编辑团队为此进行精心设计：

一、四大学科提前学，每天 1 分钟，图解科学趣味读

1. 整理归纳整个初中阶段和部分高中阶段学生需要了解的**四大学科**（物理、化学、生物学、地理）、**23 个主题**、约 **500 个科学概念**。

2. 每个科学概念的标题都以提问或引导启发的形式呈现，并且用一句话准确概括该主题的核心意思，从而激发孩子阅读和探索的意愿。

3. 用**漫画的形式将抽象的知识形象化和趣味化**，根据需要辅以实验器具、动植物和自然现象的真实照片。

4. 增加"**常见误区**"和"**知识拓展**"环节，帮助学生纠正错误认知并延展相关知识。

二、各种难题快速查，1 分钟高效理解新知识

1. 整理提炼每个科学概念的核心点，制作索引部分，便于学生根据关键词快速查找知识。

2. 科学知识的讲解尽量从日常现象入手，由浅入深，即使是刚接触科学的学生也能轻松理解。

3. 科学知识之间尽量做到有关联、有衔接。如果遇到不懂的知识点，可以前后翻查，便于更好地理解和掌握。

三、随时 1 分钟，系统掌握小初知识

本书对知识点加以总结和延展，从而启发学生的思路，让学生举一反三，提升科学思维能力，解决生活和学习中的问题。

使用说明

1

抓住每个零碎的 1 分钟，积少成多，更能锻炼专注力

主题

涉及约 500 个初高中学生需要了解的科学概念，以提问的形式呈现。

核心概括

用一句话准确概括该科学概念的意思，短小精悍。

正文

语言简单明了、思路清晰。辅以学生较为熟悉的例子，加深理解。

什么是质量

物体所含物质多少叫作物质的质量。

可以使用天平测量物体的质量。质量的基本单位是千克（kg）。

月球上的重力只有地球上的1/6，如果将物体带到月球上，物体的重量也会变成原来的1/6，但物体的质量不会改变。物体的质量也不会随着物体的状态变化和形状变化而改变。

木头为什么能浮在水面

木头的密度比水小，所以能浮在水面上。

在体积相同的情况下，密度大就说明质量大。

每种物质的密度都不同，因此可以通过密度区分不同的物质。一般来说，物体加热后体积会变大，密度会减小。

常见误区

指出学生常见的错误认知，并额外解释说明。

知识拓展

扩充和该科学主题相关的内容，帮助学生更好地理解知识。

知识拓展　全反射

光从空气射向水面，一部分光会被反射回空气，一部分光会进入水中。进入水中的光线，传播方向发生弯折，这就是光的折射。

当光从折射率较大的介质射向折射率较小的介质时，某种情况下光能全部被反射回原介质的现象就叫作全反射。光纤就是根据全反射的原理制成的。

光纤的全反射

2

通过图解和漫画的形式讲解知识，用 1 分钟的时间实现沉浸式快速阅读

图片和照片

添加直观的插图，既能激发学生的学习兴趣和好奇心，又能帮助学生快速理解。

什么是热膨胀

热膨胀是指物质受热体积增加的现象。

物质受热，内部分子运动会变得剧烈，分子之间的距离会变大，物质的体积增加。热膨胀与物质的种类和状态有关，除水以外，大部分物质的膨胀程度都会按照固体、液体、气体的顺序逐渐增加。

水在4℃时体积最小，在4℃以上或以下，体积都会膨胀。用于制造自动温度调节器的双金属片是将两种以上的金属压合在一起，利用它们膨胀程度的不同使金属片弯曲。

25

液体变成固体时会放热哦

凝固就是物质从液态变成固态的过程。

给液体降温，液体分子的活动会减缓，分子之间的距离会拉近。这时分子之间的相互吸引力会起作用，使液体变成固体。液体变成固体时会放热。

你知道水的凝固点吗

水的凝固点是指液态水变成冰的温度。

晶体有固定的凝固温度，即凝固点。非晶体没有固定的凝固温度。1个标准大气压下的凝固点，就是标准凝固点。不同晶体的凝固点不同，因此可以用凝固点来辨别晶体。

水的标准凝固点为0℃，乙醇的标准凝固点是−117℃。

同一物质的凝固点和熔点相同。例如，水变为冰的凝固点为0℃，冰变为水的熔点为0℃。

水的凝固

精美插画

引入插画，帮助读者快速掌握难以理解的专业科学知识。

安培定则 / 109
凹面镜 / 36

索引

帮助学生快速查找知识点，充分利用零散时间。

索引

目录

1 物态变化

2 密度和体积

3 光和透镜

4 力和运动

5 压强

6 简单机械

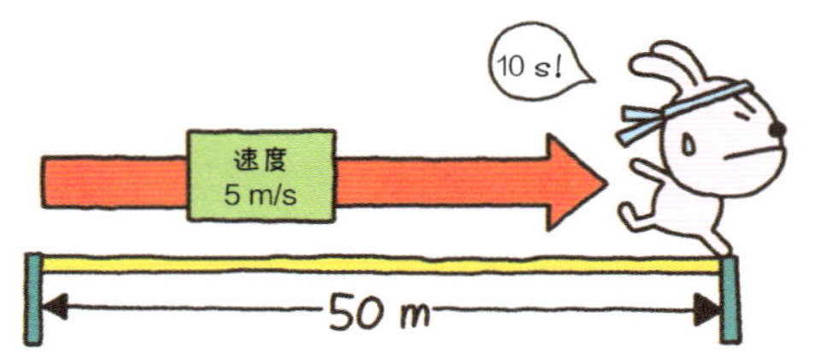

7 能量

启动
燃油+电力
起步加速
燃油+电力
缓慢加速
燃油
中低速恒速
燃油
加速
燃油+电力
大幅加速
燃油+电力
高速恒速
燃油
减速
电池充电
停车
燃油机关闭+电机关闭

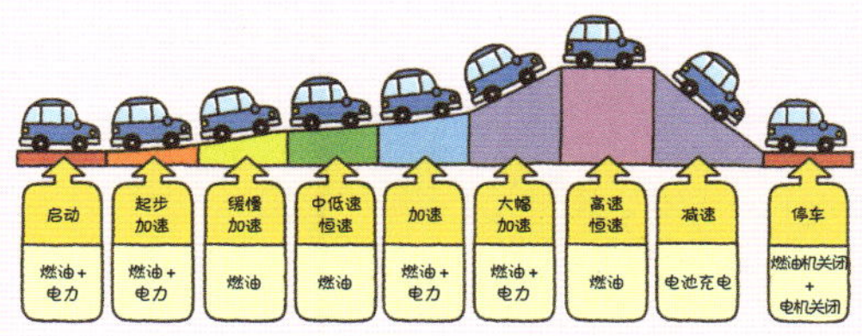

8 电与磁

物理

1 物态变化

什么是物质

物质可以说是组成物体的材料。

可以用一种物质制造出不同的物体，也可以用不同的物质制造出具有同样用途的物体。

用同种物质制造的不同物体

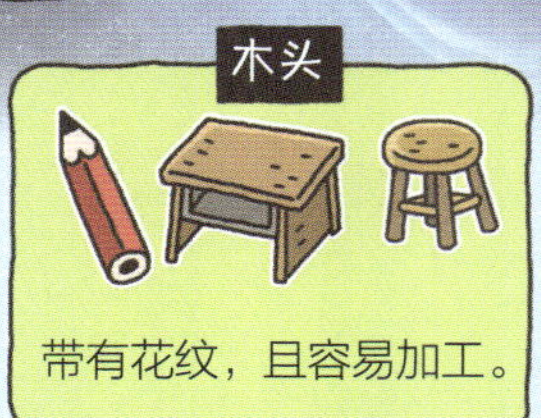

用不同物质制造的用途相同的物体

“物体”和“物质”，分不清呀

物体是物质的具体表现。

物体是物质的具体表现，物质是物体的组成基础。

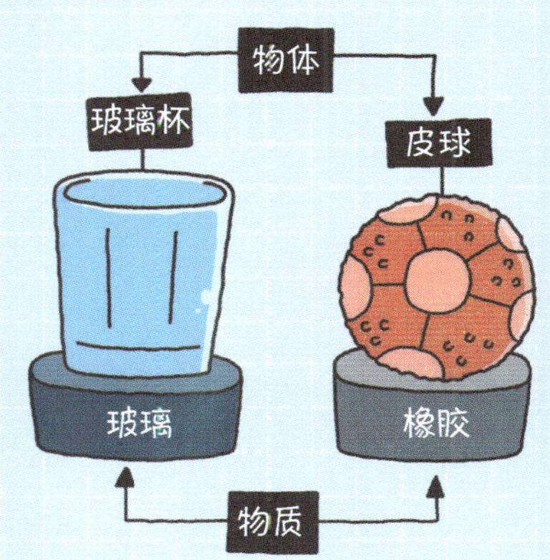

物质有哪些外部性质

物质有颜色、气味、味道等外部性质。

颜色

固体的颜色可以直接观察。如果要观察液体的颜色，可以把装有液体的透明容器放在白纸前来观察。

本页所讲解的操作，均要在成年人的指导下进行。

气味

由于可能对人体有害，因此要用手扇动少量气体来感知气味。

味道

可以将物质溶于水中，用纸蘸取着尝味道。但是未知的物质可能对人体有害，因此不能随便尝试。

硬度

可以将两个物体互相摩擦后通过划痕来比较硬度。

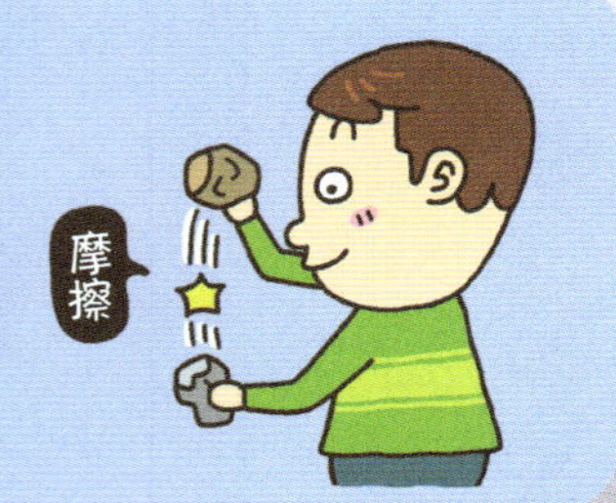

什么是物理变化

物理变化是指物质外形或状态改变，但化学性质不变。

物理变化中，物质的性质中有一些是可以改变的，如体积、外形、状态。也有一些性质是不能改变的，如熔点、沸点、密度。

物理变化是指物质能改变的性质发生的变化。例如，把糖溶于水，糖的状态改变了，糖原本的甜味依然还在。把水加热变成水蒸气，水的状态改变了，水分子没有发生改变。

其他的物理变化还有冰块融化、烧水、气体体积随温度和压力的变化而改变、钉子弯曲等。

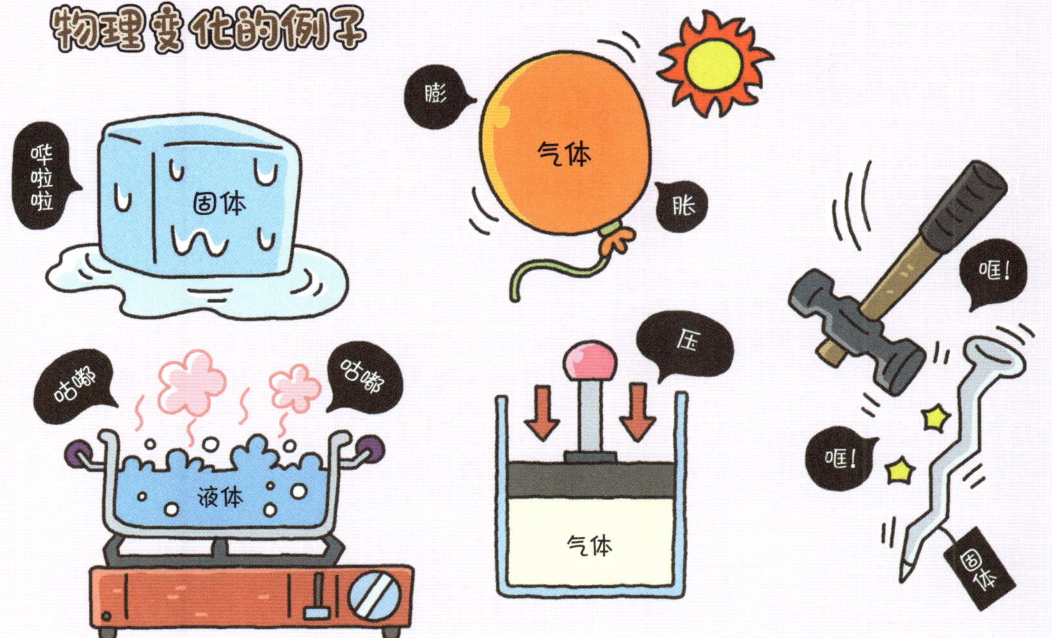

什么是内聚力

内聚力是指分子之间的吸引力。

由于分子间的吸引力，液体才会变成固体。内聚力越大，物质从固态变为液态也就需要更多的热。酒精的内聚力小于水，沸点会比水低。

来看看身边有哪些固体

固体具有固定的形状和体积，不会随着容器的变化而变化。

通常物质有三态，分别为固态、液态和气态。固体形状固定，分子间的作用力大，分子在平衡位置上不断振动。

把固体加热，通常固体内部的分子运动速度加快，体积变大。夏季，电线杆之间的电线变得松弛，这是由于温度升高，其中金属的体积增大造成的。

常见误区　粉末状物质不是固体？

有人可能会觉得沙子等粉末状物质，形状会随着装入的器皿形状而改变，因此不是固体。这是因为他们把“一堆”（也可能是“一捧”“一杯”等）粉末状物质当成了一个整体。

如果用放大镜观察颗粒，会发现每个颗粒在任何器皿中都不会变形，所以说粉末状物质是固体。

来试试用手抓住液体

液体有一定的体积，但其形状会根据容器形状的不同而改变。

构成液体的分子可以运动，分子的排列不如固体那么整齐。但是液体分子之间的距离并不远，分子之间仍然存在相互吸引力。

形状不固定的液体

液体具有流动性，因此无法用手抓住。如果温度改变，液体的体积也会发生细微变化。

无法用手抓住液体

气体为什么可以自由运动

根据装入容器的不同，气体的形状和体积会发生变化。

构成气体的分子之间的距离较远，相互作用力较弱，因此气体分子可以自由运动。

温度升高，气体的体积会变大。汽车轮胎在夏季时充入的气会比冬季时的少，瘪了的乒乓球放入热水后会重新鼓起来，这都是因为温度变化导致了气体体积产生变化。另外，压强增加，气体的体积会变小。

不同气体在水中的溶解度不同。但同一温度下，气体的溶解度随压强增大而增大；同一压强下，气体的溶解度随温度降低而增大。

做个小实验

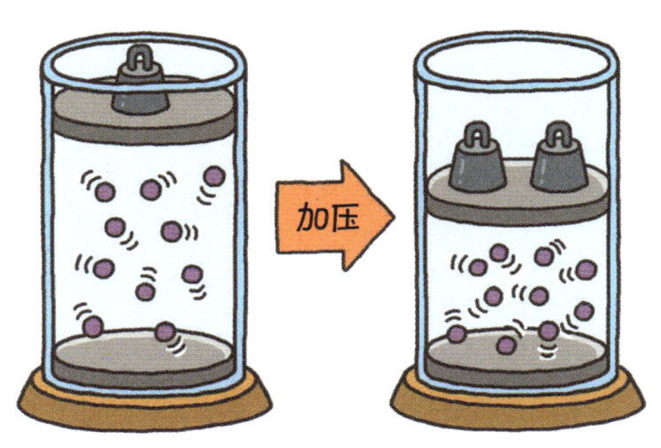

压强增加，气体体积变小。

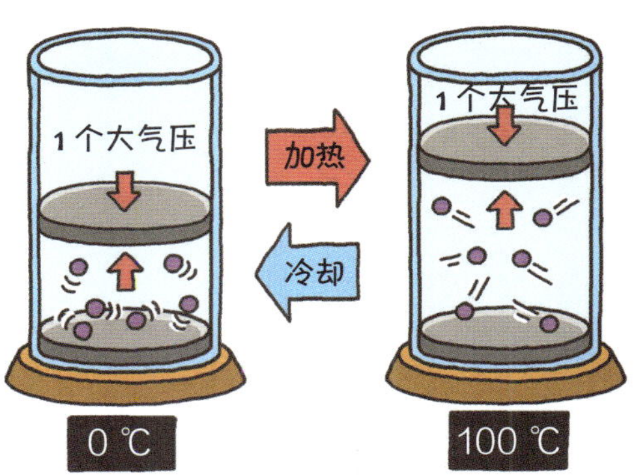

温度升高，气体体积变大。

知识拓展 集气的常用方法

排水集气法：

用于收集不易溶于水的气体。将集气瓶装满水，倒扣在水槽中，将生成的气体通入集气瓶，当水被完全排出时，气体装满。

向下排空气法：

用于收集易溶于水且气体密度小于空气密度的气体。将集气瓶倒扣过来，通入气体，气体会将空气从瓶中赶出。

向上排空气法：

用于收集易溶于水且气体密度大于空气密度的气体。将气体通入正立放置的集气瓶后，气体会将空气从瓶中赶出。

什么是流体

流体是液体和气体的总称。

流体具有黏性，黏性越大，物质越黏稠，越不易流动。液体的黏性一般比气体大。温度升高，液体的黏性降低，而气体的黏性增加。黏性是阻碍物质流动的一种特性。

物体加热后会发生什么变化

加热后，物体的体积或形状会发生变化。

例如，水加热后体积会增加，煮沸后的水会由液态变为气态的水蒸气。在实验室，加热需要使用酒精灯、石棉网、铁三脚架、烧杯、蒸发皿等仪器。

做个小实验

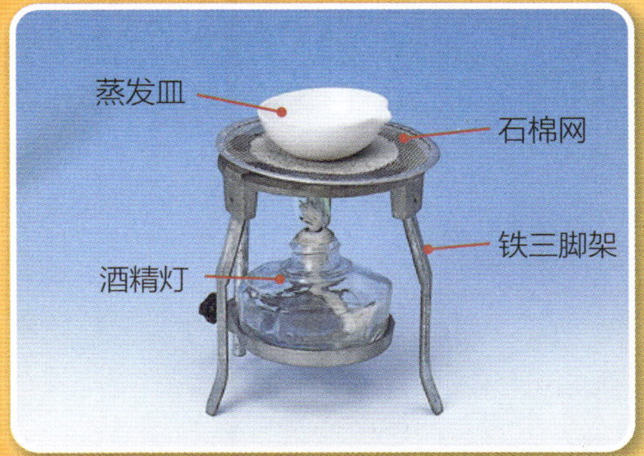

加热仪器

物态变化

物质各种状态间的变化就是物态变化。

通常我们身边的物质以固态、液态或气态中的一种形式存在，物质的状态会随着温度和压力的变化而变化。物质在各种状态间变化的过程有熔化、凝固、液化、汽化、升华、凝华等。

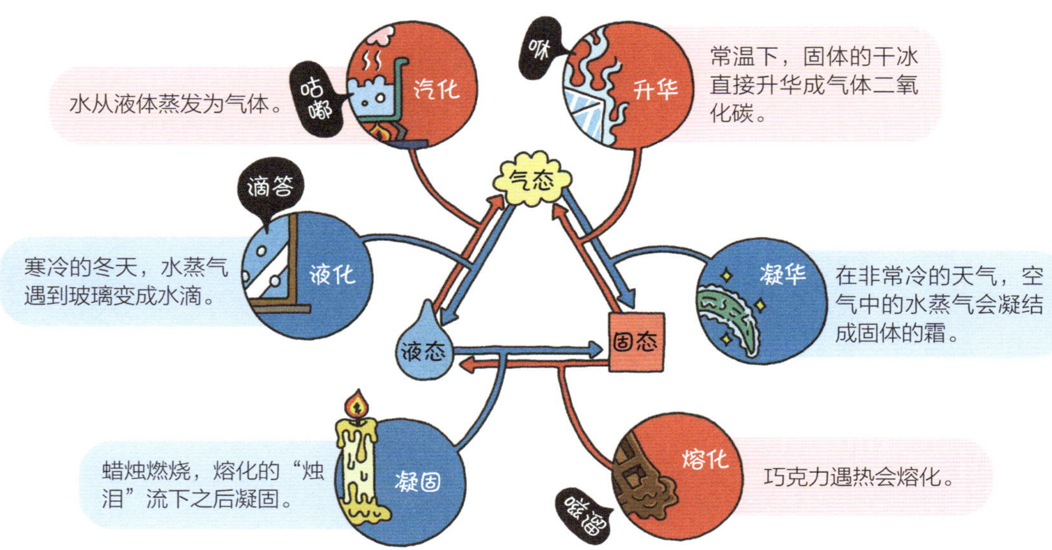

知识拓展 物质的状态

状态	固态	液态	气态
形状	固定	随容器形状而变化	随容器形状而变化
体积	固定	固定	随容器形状而变化
压缩	不能压缩	几乎不能压缩	可以轻易压缩
性质	坚固，不可流动	可流动	可向周围扩散
示例	木头、石头、盐、冰	水、醋、酒精	水蒸气、空气、氧气、氢气、氦气

固体在什么温度时会变为液体

晶体物质熔化时的温度就是熔点。

物质从固态变成液态的过程，就是熔化。

晶体有固定的熔化温度，即熔点。晶体在熔化的过程中，尽管不断吸热，但温度保持不变。在 1 个标准大气压下冰块的熔点为0 ℃。非晶体没有固定的熔化温度。

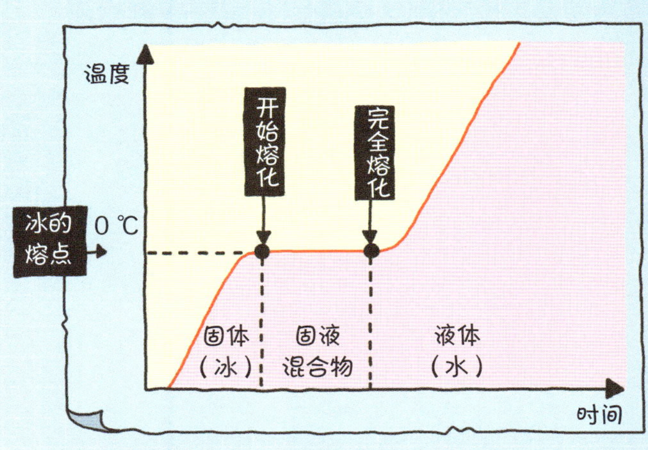

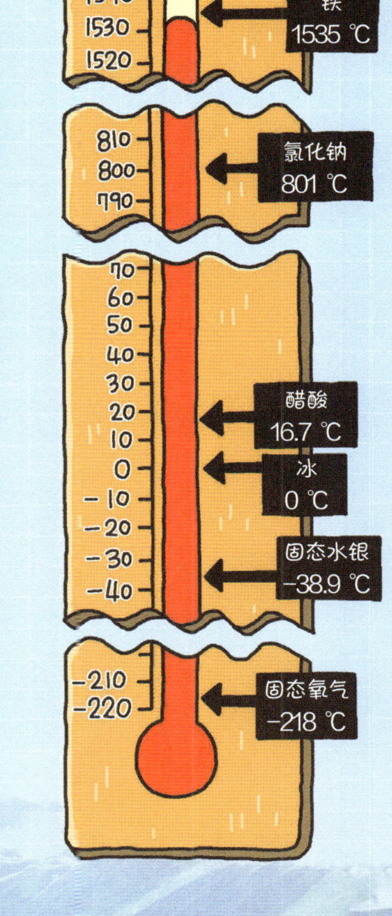

食盐晶体

硫酸铜晶体

明矾晶体

形状各异的晶体

晶体的物质微粒是有序排列的。

不同物质的晶体形状不同，因此可以通过晶体的形状来区分物质。地球上大部分矿物和金属都是晶体。食盐晶体呈正六面体、硫酸铜晶体呈斜六棱柱、明矾晶体呈正八面体。

单晶体的内部微粒呈有序排列，例如水晶和钻石。多晶体则由多个单晶体共同组成，大部分的金属都是多晶体。外形不固定，内部的原子或分子杂乱无章排列的固体则是非晶体，如玻璃、麦芽糖、橡胶、塑料等。

晶体有固定的熔化温度，在熔化过程中，虽然不断吸热，但温度保持不变。非晶体没有固定的熔化温度，在熔化的过程中不断吸热，且温度不断上升。

液体变成固体时会放热哦

凝固就是物质从液态变成固态的过程。

给液体降温，液体分子的活动会减缓，分子之间的距离会拉近。这时分子之间的相互吸引力会起作用，使液体变成固体。液体变成固体时会放热。

画重点！
画重点！

你知道水的凝固点吗

水的凝固点是指液态水变成冰的温度。

晶体有固定的凝固温度，即凝固点。非晶体没有固定的凝固温度。1个标准大气压下的凝固点，就是标准凝固点。不同晶体的凝固点不同，因此可以用凝固点来辨别晶体。

水的标准凝固点为0 ℃，乙醇的标准凝固点是−117 ℃。

同一物质的凝固点和熔点相同。例如，水变为冰的凝固点为0 ℃，冰变为水的熔点为0 ℃。

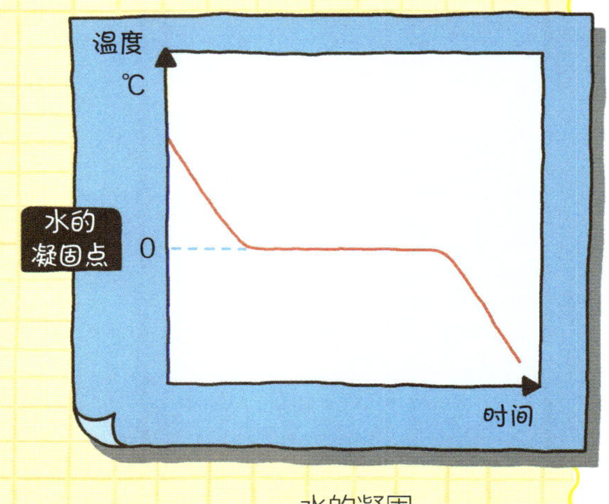

水的凝固

液体变为气体时要吸热哦

物质从液态变为气态的过程就是汽化。

加热液体，会使液体分子运动加快。液体温度达到沸点后，分子间的作用力降低，液体成为自由分散的气体，这一过程称为汽化，汽化时吸收的热量叫作汽化热。

在液体表面发生的液体变为气体的现象叫作蒸发，蒸发也属于汽化。

大雾属于液化，而不是汽化现象哦。

水煮沸时飘出的白色水汽是水蒸气吗

水蒸气就是气态的水，肉眼无法看见。

水被加热到100 ℃后，会产生大量的水蒸气。水蒸气是无色无味的透明气体，肉眼无法看见。水煮沸时，水壶的壶嘴中飘出的白色水汽，并不是水蒸气，而是水蒸气遇到冷空气后液化形成的小水滴。

水在沸腾的过程中不断吸热

沸腾是液体内部和表面同时发生的剧烈汽化现象。

液体只有达到沸点时才能沸腾。蒸发只在液体表面发生，沸腾在液体表面和内部同时发生。水在沸腾的过程中不断吸热。

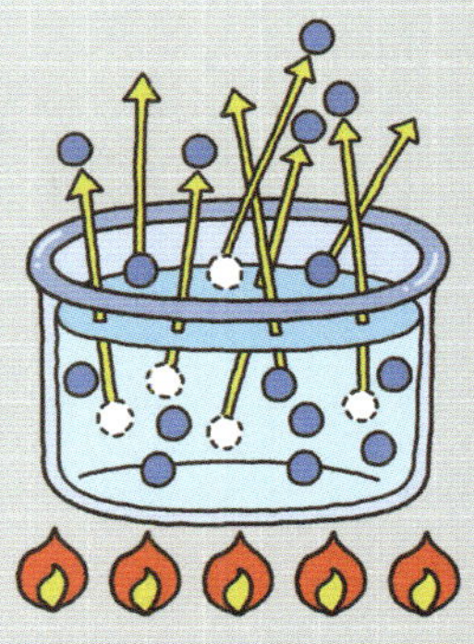

沸腾是液体表面和内部同时发生的剧烈汽化现象。

水的沸点永远是 100 ℃吗

液体产生气泡，开始沸腾时的温度就是沸点。

不同液体的沸点不同，所有液体在沸腾期间的温度保持不变。沸点随外部压力的增加而升高，随压力的减小而降低，因此记录沸点的同时还要记录当时的气压。通常，在 1 个标准大气压下，水的沸点是100 ℃。

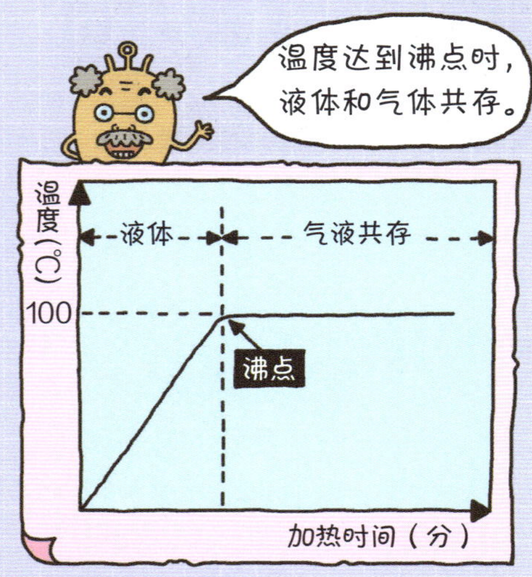

水的沸点
（1个标准大气压下）

物质	沸点（℃）
水银	356.7
水	100
苯	80
酒精	78.3
氨水	-33.4
液态氧气	-183

不同物质的沸点
（1个标准大气压下）

常见误区 **水的沸点永远是100 ℃吗？**

1 个标准大气压下，水的沸点为100 ℃，但在高山等气压低的地方，液体更容易变为气体，因此水温没到100 ℃就会沸腾。使用高压锅时，水蒸气很难从中排出，这导致锅内气压增加，水的沸点升高，食物能够更快煮熟。

“热浴”就是给物质洗热水澡吗

对不能直接加热的物质进行间接加热的方法就是热浴。

乙醇、丙酮等易燃物质或沸点较低的物质通常采用热浴法加热，其中最常用的是水浴法。水浴法是先将水装在热浴容器中，然后加热水，用水的热量让试管或烧瓶中的物质熔化。

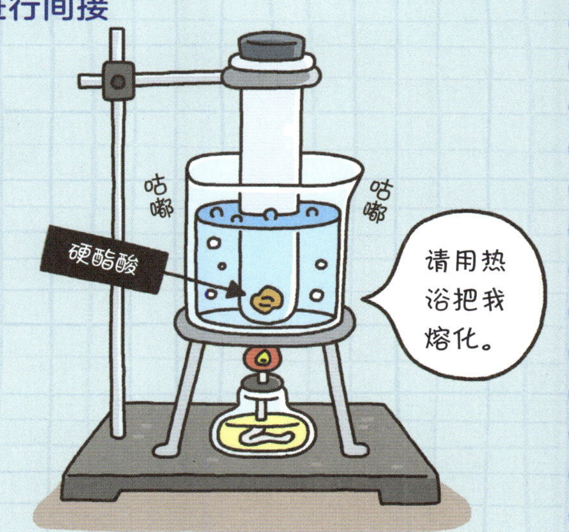

你知道哪些蒸发现象

液体表面的液体变成气体的现象就是蒸发。

蒸发是液体在任何温度下都能发生的汽化现象，只发生在液体表面。沸腾则同时发生在液体表面和液体内部。湿衣服变干、鱼缸的水慢慢变少都是蒸发现象。液体在蒸发的过程中吸热。

使气体液化的方法有哪些

物质从气态变为液态的过程就是液化。

降低温度和增大压强都能使气体液化。

水蒸气遇冷会液化变成水滴。增大压强时，氨气、氯气、氟利昂等气体会变成液体。氧气、氢气、氮气等气体在极低的温度和足够大的压强下才会变成液体。

气体液化时放出热量。

液化

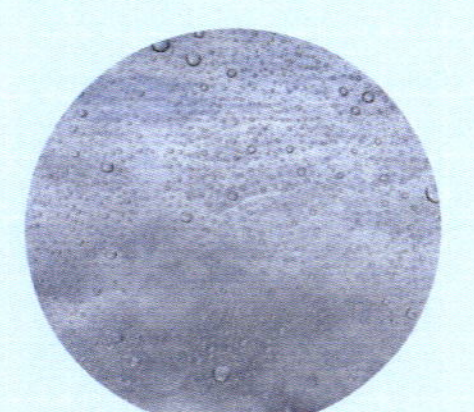

窗户上的水珠

液化放热

来看看升华与凝华

升华与凝华是物质直接在固态和气态间转变。

大部分固态的物质都先经过液态再变成气态，大部分气态的物质也是先经过液态再变成固态。但有一些物质在特定的条件下，可以从固态直接变成气态，这就是升华；或者从气态直接变成固态，这就是凝华。易升华的物质有干冰、樟脑丸、碘等。

干冰升华吸收了周围的热量，可以长时间冷藏保存冰激凌。

樟脑丸升华产生的气体具有独特的气味，可让虫四散而逃。

寒冷的天气里，空气中的水蒸气凝华成霜。

冬天结冰的衣服变干，是因为冰升华成了气态的水蒸气。

2 密度和体积

什么是质量

物体所含物质多少叫作物质的质量。

可以使用天平测量物体的质量。质量的基本单位是千克（kg）。

月球上的重力只有地球上的1/6，如果将物体带到月球上，物体的重量也会变成原来的1/6，但物体的质量不会改变。物体的质量也不会随着物体的状态变化和形状变化而改变。

知识拓展 国际千克原器

国际千克原器为千克单位标准物的砝码，由铂铱合金制成，呈圆柱形，它的直径与高度均为39.17 mm，现在保存于法国巴黎的国际计量局总部。与原器一模一样的复制品分发给其他国家，作为各个国家的千克原器使用。国际计量局会定期将各国使用的复制品与国际千克原器进行比较，来修正误差。

怎么测量物体的体积

这就要用到数学知识了。

物体占据空间的大小就是体积。

长方体的体积可以用长、宽、高的乘积求得。

液体的体积可以用带刻度的量筒测量。

不溶于水的固体可以放入装有水的量筒中，通过测量水的体积的增加量来测量它的体积。

气体的体积就是装气体的容器的体积。

因为气体的体积会随着温度和压强的变化而变化，所以标示气体体积的时候，也要标示温度和压强。

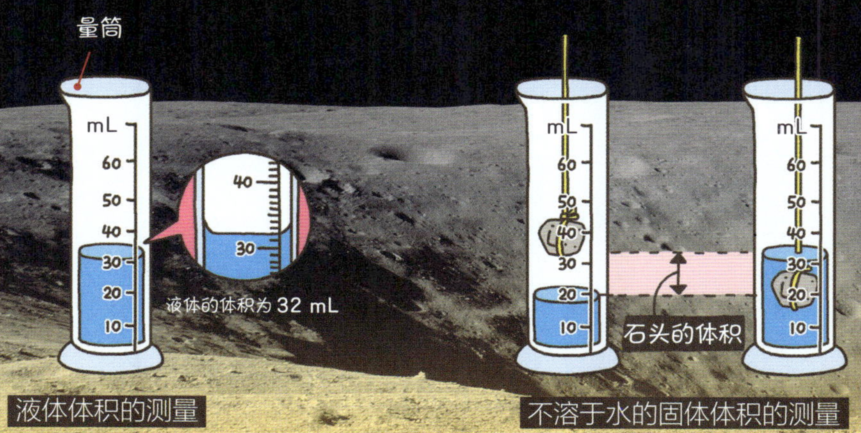

液体体积的测量

不溶于水的固体体积的测量

知识拓展 体积膨胀系数

物体受热体积就会膨胀。温度每上升1 ℃，物体增加的体积与物体在0 ℃时的体积的比率就是体积膨胀系数。

温度每上升1 ℃，气体的体积就会比之前增加1/273。

在固体和液体中，不同物质的体积膨胀系数则各不相同。

什么是密度

某种物质组成的物体的质量与它的体积之比叫作这种物质的密度。

同种物质的质量与体积的比值是一定的，也就是密度是一定的。密度的符号是ρ（读作rou），基本单位是千克每立方米（kg/m^3）。一般来说，水的密度是$1.0\times10^3\ kg/m^3$，空气的密度是$1.29\times10^3\ kg/m^3$，钢、铁的密度是$7.9\times10^3\ kg/m^3$。

通常物质的密度会随着温度变化而变化，温度升高，密度减小，这是因为物体会热胀冷缩。

利用物质的密度差异制成的彩虹塔。

自己动手试一试。

木头为什么能浮在水面

木头的密度比水小，所以能浮在水面上。

在体积相同的情况下，密度大就说明质量大。

每种物质的密度都不同，因此可以通过密度区分不同的物质。一般来说，物体加热后体积会变大，密度会减小。

知识拓展 **河水为什么会从水面开始结冰？**

水在4 ℃时体积最小，密度最大。当温度高于4 ℃时，随着温度的升高，水的密度越来越小，体积越来越大。当温度低于4 ℃时，随着温度的降低，水的密度也是越来越小，体积越来越大。

当温度低于0 ℃时，水开始结冰，密度较小的冰块会向上浮，密度较大的水会向下沉。

热气球为什么能飞上天

热气球是利用浮力而飞上天空的飞行器。

加热球囊中的空气，空气的质量不变，但体积增加，密度变小。待密度小于周围空气的密度，热气球就会升上天空。停止加热后，球囊中的空气会逐渐冷却到和周围空气的温度相同，热气球因受到的重力大于受到的浮力而下降。热气球最早由法国的蒙哥尔费兄弟于1783年发明。

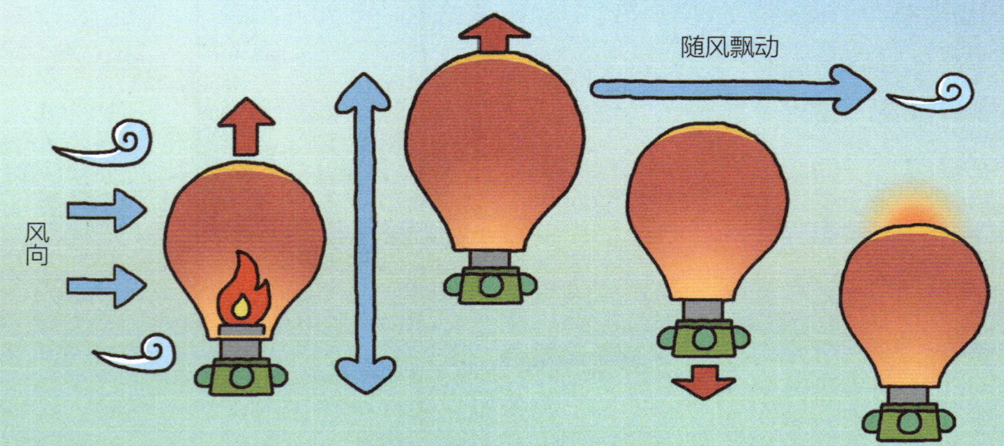

热气球加热过程中，气体体积增加，密度减小，浮力大于重力，热气球上升。

停止加热后，空气体积减小，浮力小于重力，热气球下降。

查理定律在热气球上的应用

知识拓展　查理定律

热气球升空利用了查理定律——温度升高，气体体积就会增加。这和将气球放在热水里就会膨胀的现象是同样的原理。简单来说，查理定律就是在压强一定的情况下，气体温度越高，体积越大；温度越低，体积就越小。

什么是热膨胀

热膨胀是指物质受热体积增加的现象。

物质受热，内部分子运动会变得剧烈，分子之间的距离会变大，物质的体积增加。热膨胀与物质的种类和状态有关，除水以外，大部分物质的膨胀程度都会按照固体、液体、气体的顺序逐渐增加。

水在4 ℃时体积最小，在4 ℃以上或以下，体积都会膨胀。用于制造自动温度调节器的双金属片是将两种以上的金属压合在一起，利用它们膨胀程度的不同使金属片弯曲。

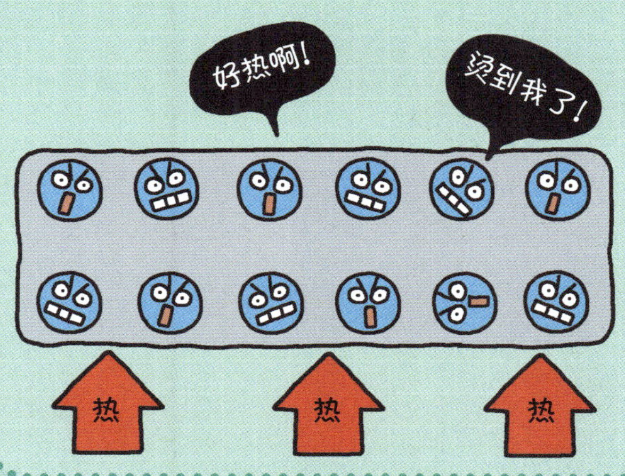

3 光和透镜

光没有介质也可以传播

某些波状运动（如声波等）借以传播的物质叫作这些波状运动的介质。

海浪的介质是海水，地震波的介质则是地壳，声音传播的介质可以是气体、液体或固体，而光即使没有介质也可以传播。波状运动传播的速率根据介质的变化会有所不同。

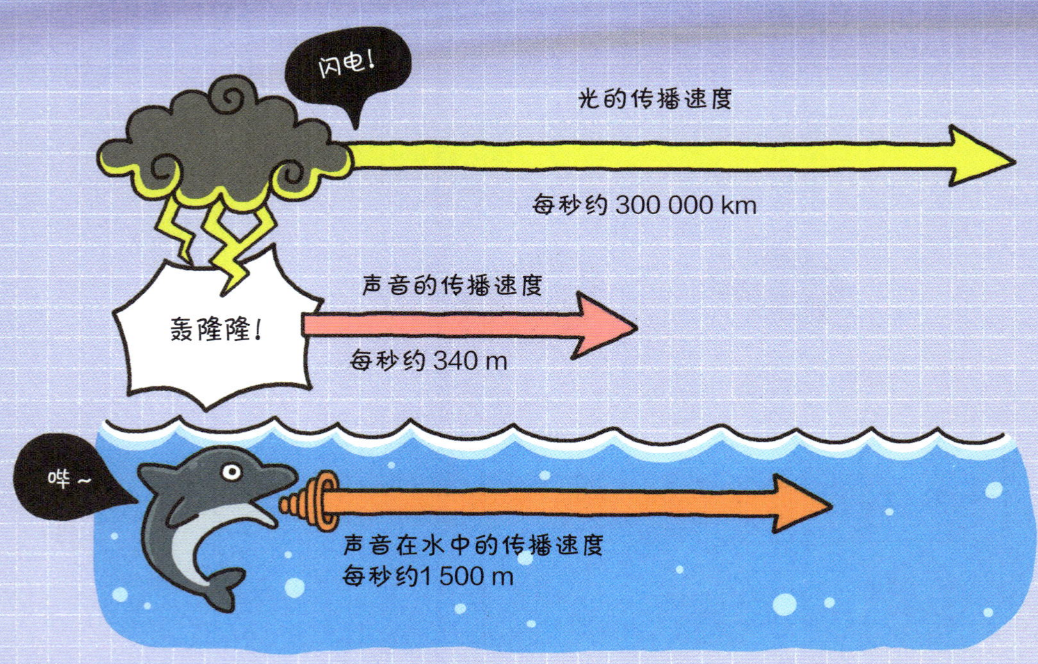

在宇宙中能听到声音吗

声音是由物体的振动产生的，声音的传播需要介质。

音调、响度、音色为声音的三大特征。

声音的音调由声源的振动频率决定，单位时间内振动次数越多，音调就越高。

声音的响度由声源的振幅决定，振幅越大，响度就越大。声音的响度还和听者距离声源的距离有关，距离声源越近，响度就越大。

音色是由声波的形状决定，不同乐器和不同人的音色各不同。

气体中的空气、液体中的水、固体中的金属等都可以作为声音的传播介质。声音在固体中的传播速度最快。

常见误区 **如果宇宙飞船在宇宙中爆炸，会像科幻电影中那样发出“轰”的声音吗？**

声音必须得依靠介质才能传播，在没有介质的真空状态下是不能传播的。

科幻电影中宇宙飞船在宇宙中爆炸，发出很大的声音，这种场景是不科学的。宇宙空间是真空的，没有介质，是不能传播声音的。

你能找出哪些光源

能发光的物体就是光源。

太阳、星星、萤火虫，这些自身能发光的物体都是光源，电灯属于人造光源。太阳是最好的光源，能高度还原物体本来的颜色。

有一种污染叫“光污染”

高楼玻璃幕墙反射眩光、亮度过大的夜间照明，这些都是光污染。

我们常听说的污染有空气污染、水污染、土地污染等，其实还有一种光污染。

光污染的危害有：①不必要的户外照明浪费了能源，增加了温室气体的排放；②光污染干扰了野生动物的迁徙和繁殖模式；③眩光可能会导致驾驶者视力下降或眩晕，有可能造成交通事故；④人如果经常暴露在人工照明的环境下，会影响体内的新陈代谢和睡眠。

“光速”究竟有多快

光一般指能引起人的视觉的电磁波。

狭义的光是指可以把物体照亮的可见光。光在真空中可以传播，真空中的光速约为3×10^8 m/s。光从太阳传到地球，大约需要8分20秒。不同介质中光的传播速度各不相同。

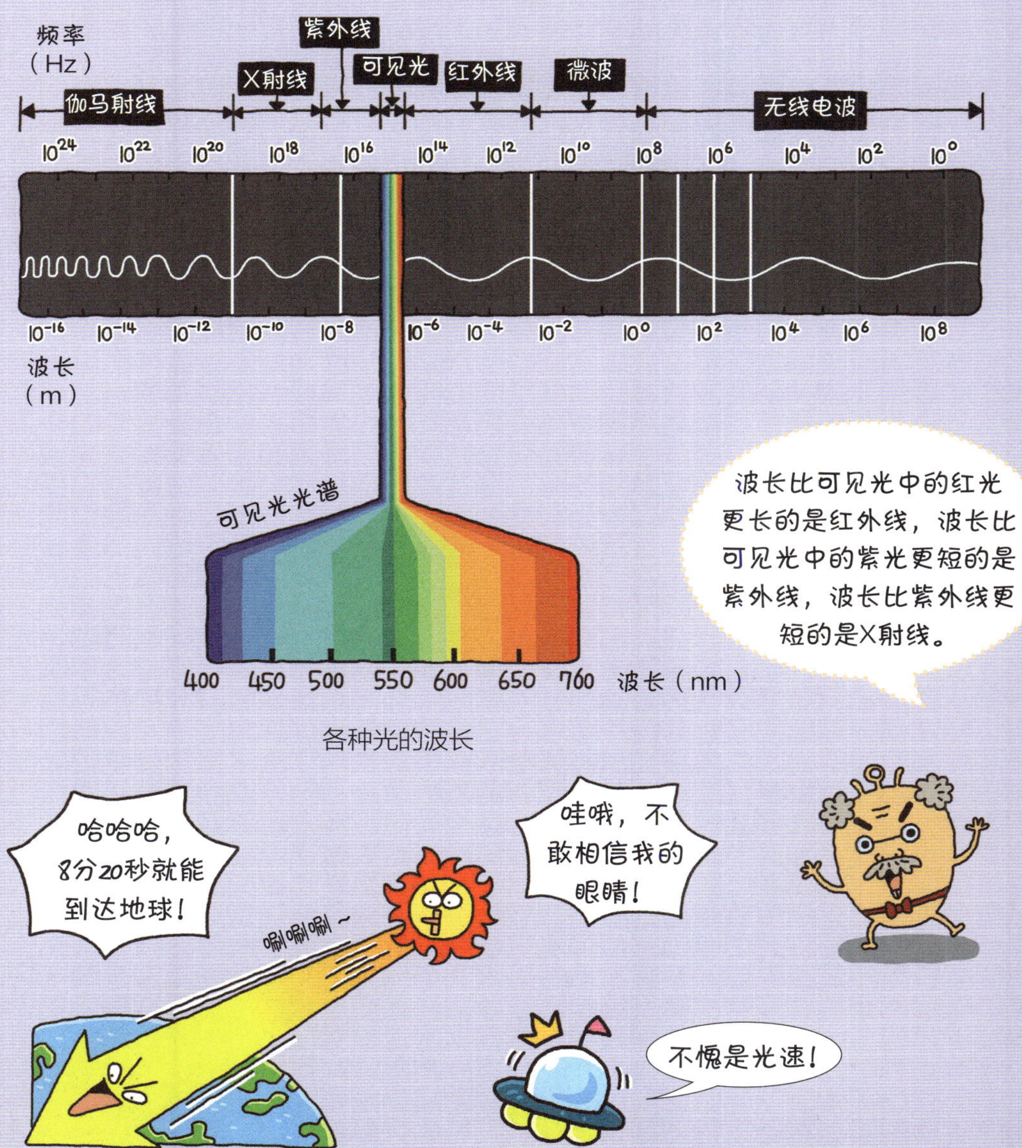

各种光的波长

可见光一共有多少种颜色

可见光有很多颜色，数不胜数哦。

太阳光主要由可见光、紫外线、红外线组成。其中可见光是人眼可以看到的，而红外线和紫外线则是人眼无法看到的。让太阳光透过三棱镜，我们可以在三棱镜的另一侧看到被分解的可见光。一般认为可见光有七种颜色，其实可见光有很多种颜色，数不胜数。

可见光光谱

为什么要晒被子

这是在利用紫外线杀菌。

让太阳光通过棱镜，可见光会按照波长顺序呈彩虹色出现。紫色的可见光外侧有看不见的区域，这里存在紫外线。

紫外线有杀菌作用，在阳光明媚的日子里晒被子，其实就是在利用紫外线杀菌。在餐厅还可以看到用紫外线给餐具消毒的机器。

如果我们在夏天里多晒太阳，皮肤会被晒黑，这也是紫外线导致的。注意，紫外线照射过多会增加患皮肤癌的风险。

什么是红外线

红外线是比可见光的波长更长的光。

让太阳光通过棱镜，可见光会形成一条类似彩虹色的光带，红外线位于红光外侧，肉眼不可见。科学家用三棱镜分解太阳光，在色带的不同位置上放置了温度计，发现位于红光外侧的温度计升温最快，也就是红外线使温度计升温最快。所以红外线也被称为“热线”。

由于不同物体的温度不同，辐射出的红外线也不同，所以利用红外线成像仪可以检测物体的温度。在完全没有可见光的情况下，还可以利用红外线传感器来观察发热物体。红外线多用于医疗领域，也用于遥控器、夜视仪、自动报警器、自动门感应器等装置。

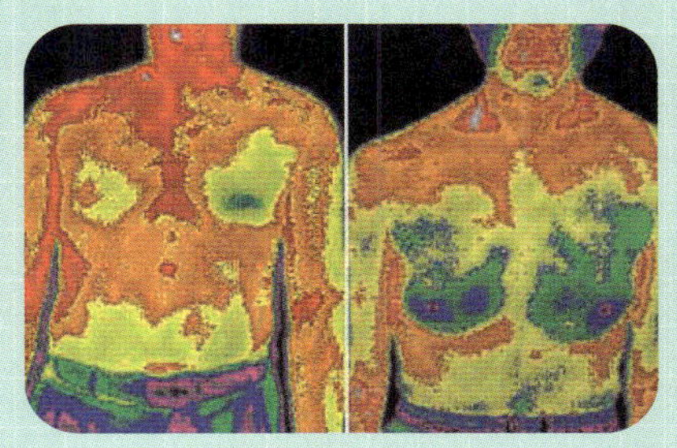

用红外相机拍摄的图像

X 射线能应用于哪些领域

X射线可应用于医疗领域，帮助医生诊断病人的病情。

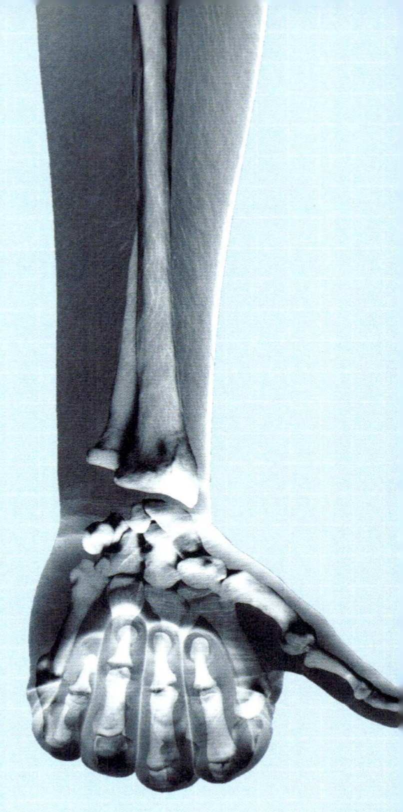

X射线又称伦琴射线，1895年由德国物理学家伦琴发现。让快速运动的电子与物体碰撞就会产生X射线。

X射线具有穿透性。由于人体组织间的密度和厚度的差异，导致X射线穿过人体组织时，被吸收的程度不同，所以经过仪器处理后能得到不同的影像，便于医生诊断病情。通常我们把X射线检查，简称为X线或X光检查。

除了医疗领域，X射线CT成像技术还可用于在不损坏岩石或金属的情况下探测其内部结构。

知识拓展　造影剂

患者在进行X线检查前，有时会被要求服用造影剂。造影剂可分为X线易透过的阴性对比剂和不易透过的阳性对比剂。常用的阳性对比剂为硫酸钡（$BaSO_4$），俗称钡餐。硫酸钡不会被人体吸收，所以基本上不会产生副作用。

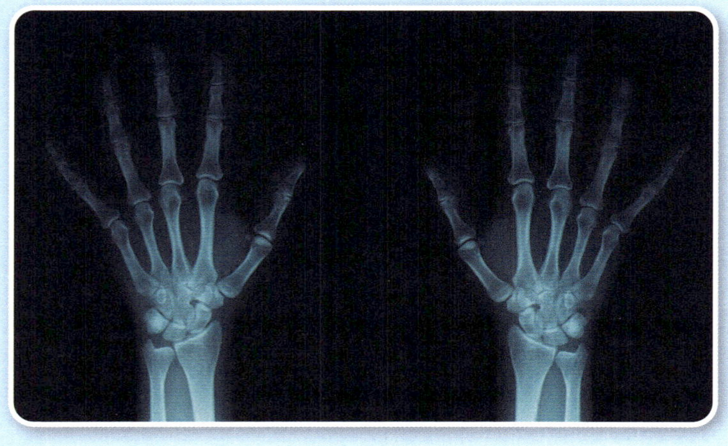

X光片

光是沿直线传播的哦

确切地说，光是在均匀介质中沿直线传播。

如果光被物体阻挡，光线无法绕到物体背面，就会产生影子，这是光的直线传播所导致的。当月球处于太阳和地球之间时，太阳被遮挡，有可能会发生日食现象；当地球处于太阳和月球之间时，有可能会发生月食现象。这些都是光的直线传播所导致的。针孔照相机产生倒像也是因为光沿直线传播。

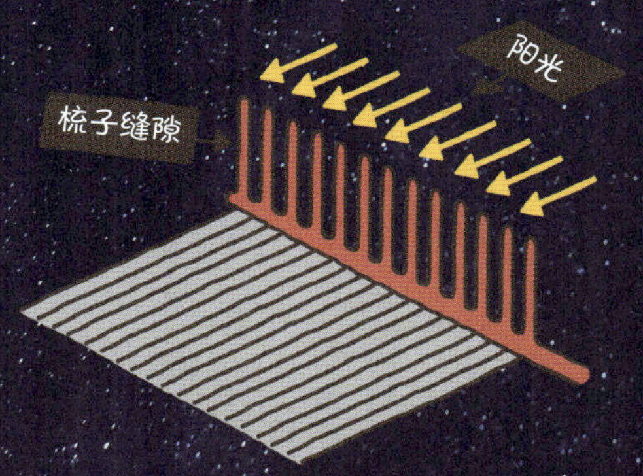

阳光是沿直线前进的。

如果在影子处放置物体，光线就会被阻挡。

找找身边的半透明物体吧

能让一部分光通过的性质叫作半透明。

半透明的物质能够让一部分光通过，不透明的物质不能让光通过。如果光不能通过物体，就会产生影子，所以半透明和不透明的物体后方都会有影子。

半透明

半透明

不透明

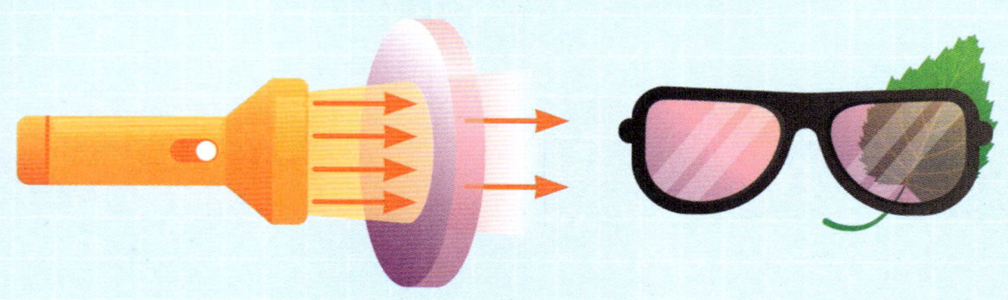
半透明，有部分光通过

墨镜

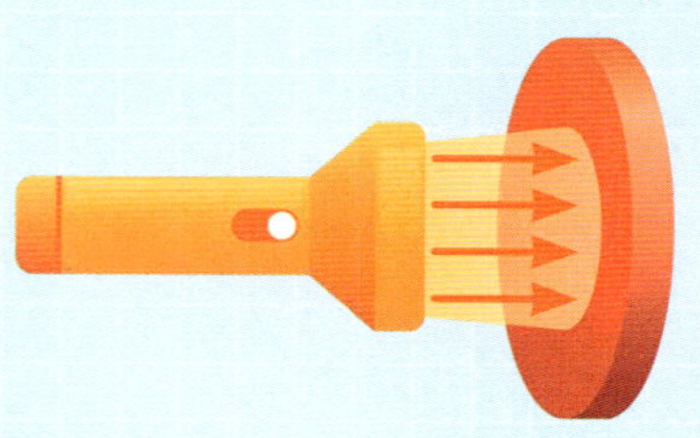
不透明，光不通过

背包

什么是光的反射

光的反射是指，光射到物体表面时，有一部分会被物体表面反射回来。

在像镜子一样的光滑表面上发生的反射叫作镜面反射。在凹凸不平的表面上发生的反射叫作漫反射。

光可以通过水或玻璃的表面，因此遇水或玻璃，一部分光会发生反射，一部分光会发生折射。光在反射时，反射角等于入射角，这是光的反射定律。我们之所以可以看到某个物体，是因为该物体表面反射的光线进入了我们的眼睛。

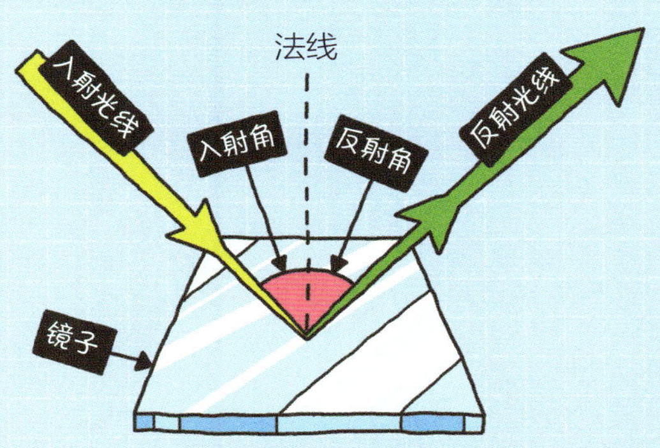

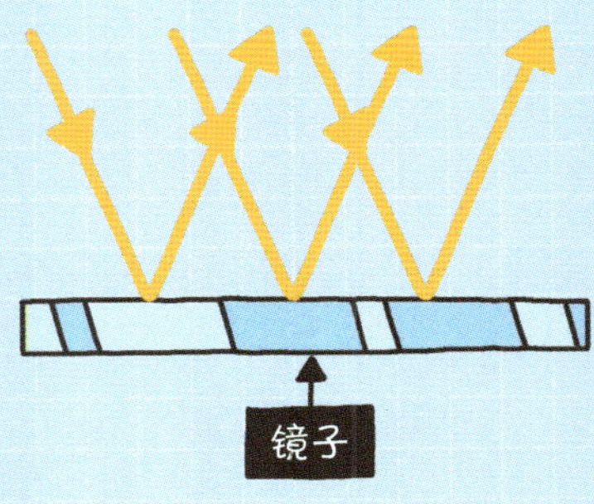

镜面上所有的光都会被反射出去。

知识拓展　全反射

光从空气射向水面，一部分光会被反射回空气，一部分光会进入水中。进入水中的光线，传播方向发生弯折，这就是光的折射。

当光从折射率较大的介质射向折射率较小的介质时，某种情况下光能全部被反射回原介质的现象就叫作全反射。光纤就是根据全反射的原理制成的。

光纤的全反射

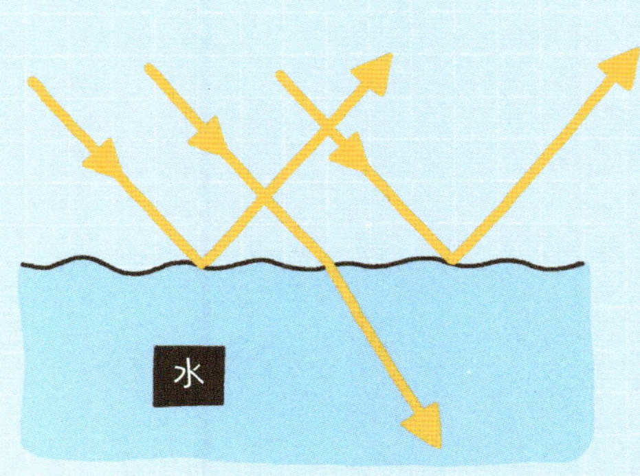

水面上的一部分光会发生反射，一部分光会发生折射。

你玩过哈哈镜吗

哈哈镜其实就是凹面镜和凸面镜。

凸面镜和凹面镜

镜子成像左右相反。平面镜表面平整光滑，中部凹陷的镜子叫凹面镜，中部凸起的镜子叫凸面镜。

凹面镜成正立、放大的像，距离较远时成倒立的像。凸面镜始终成正立、缩小的像。

咦？水杯中的吸管被折断了

这是由于光的传播方向发生了偏折。

由于光在不同介质中传播的速度不同，所以光从一种介质进入到另一种介质时，方向会发生弯折，也就是发生折射。光在真空中传播得最快，在空气、水、玻璃、塑料等介质中传播速度依次递减。

因为光的折射，水底硬币的实际位置比我们所看到的位置更低，水杯中的吸管看起来也像是被折断了。眼镜和望远镜中使用的透镜，都是利用光的折射原理制作的。

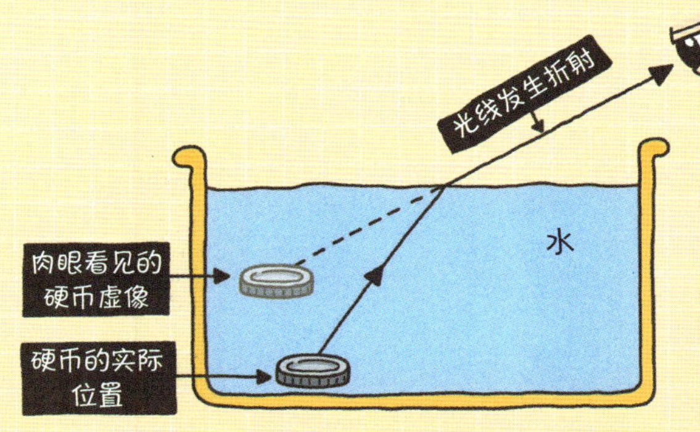

硬币反射出的光线在水面发生了折射，所以看起来好像硬币浮在水里一样。

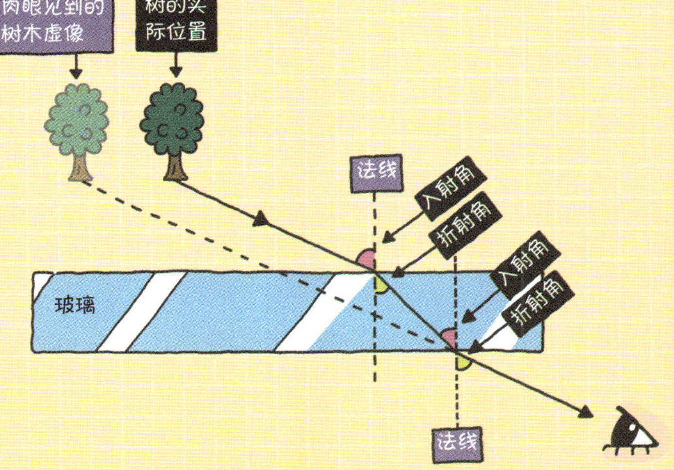

树反射出的光线，在通过玻璃窗，到进入人眼之前，发生了两次折射，所以我们看到树的位置比实际位置有所偏移。

为什么会出现海市蜃楼的现象

海市蜃楼的出现是因为光的折射。

在灼热阳光的照射下，沙漠的地表温度会非常高，地面附近的空气和上层的空气会产生很大的温差。空气热胀冷缩，导致地面附近和上层的空气稀疏程度不同。这样光就会发生折射，导致海市蜃楼的出现。

同样的道理，发生在大海上的海市蜃楼现象也是由光的折射产生的。原理是海水比较凉，海面附近空气的温度比上面空气的低。

知识拓展 **历史上的海市蜃楼**

1798年，拿破仑率领法国军队进攻埃及。传说，当时拿破仑的军队行进在沙漠地区时，忽然人们发现前面出现了一片“绿洲”。这一奇怪的现象把士兵们吓坏了，人人惊慌失措，不敢继续前进。其实这就是一种大气光学现象——海市蜃楼。

凸透镜、凹透镜，你能分清楚吗

透镜由玻璃等透明物体打磨而成，可会聚或发散光线。

透镜是利用光线通过透镜会偏向厚的一侧的性质而制成。透镜分为凸透镜和凹透镜。

凸透镜中间厚，边缘薄，可以会聚光线，放大近处的物体，放大的物体的像是正立的像，远处物体的像是倒立的像。可用在放大镜、显微镜、望远镜、照相机等中。

凹透镜中间薄，边缘厚，可以将光线发散，无论是近处的物体还是远处的物体都呈正立缩小的像，可用在近视眼镜中。

你对望远镜的了解有多少

望远镜是可以放大远处物体的装置。

望远镜由物镜和目镜组成。物镜是靠近观察对象一侧的透镜，用于收集从物体发出的光。目镜是靠近观察者一侧的透镜，可以让物体的像看起来更大。

使用凸透镜作为物镜的望远镜叫作折射望远镜，用凹透镜作物镜的望远镜则叫作反射望远镜。

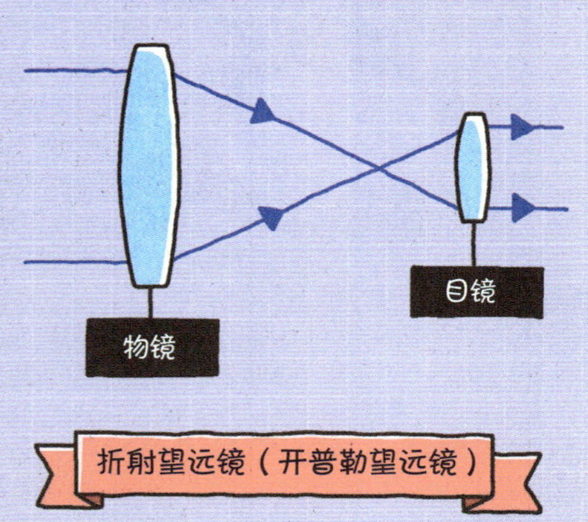

折射望远镜（开普勒望远镜）

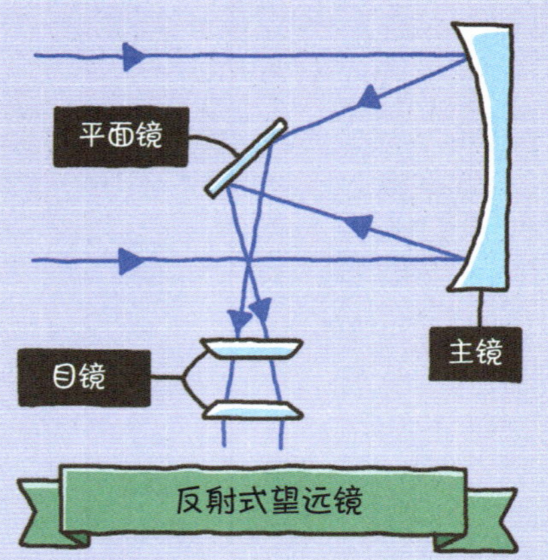

反射式望远镜

知识拓展 望远镜的历史和种类

历史上第一台望远镜由荷兰眼镜商汉斯·利伯希制造。意大利科学家伽利略·伽利雷听说这个消息后，在1609年使用凸透镜（物镜）和凹透镜（目镜）制造出了望远镜。虽然伽利略望远镜的放大倍数不高，但是可以看到正立的像。伽利略使用这种望远镜观察到了太阳黑子、土星的卫星以及月球的表面。

德国人开普勒在1611年发明了折射望远镜，目镜和物镜全部使用了凸透镜。开普勒望远镜比伽利略望远镜的放大倍数更大，但是成倒立的像。

1668年，英国人牛顿发明了反射式望远镜，物镜没有使用凸透镜，而是凹透镜。反射望远镜与折射望远镜不同，没有色差，可以更清晰地观测到行星等星体。

伽利略望远镜

反射式望远镜

什么是潜望镜

潜望镜是用来在潜水艇内观测水上情况的设备。

潜望镜里含有两面镜子。由于入射的光被反射两次，所以会出现正立的像。要想光线的方向偏转90°，入射光和镜子要呈45°角。

潜水员快速浮出海面，会有什么危险

有可能会引起潜水减压病。

因为压强越大，气体越容易溶解，所以潜水员进入深海后，体内血液就会溶解大量的氧气和氮气等气体。如果潜水员从深海过快地浮到海面，压力突然降低，溶于血液中的氧气和氮气就会变成气泡。这时氧气会被身体吸收，但氮气无法被吸收，会堵塞血管，出现人体疼痛和呼吸困难等症状。为了预防潜水减压病，潜水员应从深海慢慢上浮。

你家里有放大镜吗

可以用这种能放大物体的凸透镜来观察蚂蚁哦。

图中的这种放大镜，便于观测像蚂蚁一样的小物体。把物体放置在放大镜下面，用一只眼睛观察，可以将看到的图像记录下来。

来看看早期的照相机

针孔照相机是让光线经过小孔成像并拍摄下来的照相机。

针孔照相机是最早期的照相机。普通相机使用透镜，而针孔照相机使用的是小孔。在内部漆成黑色的箱子上凿个小孔，在小孔的对面位置装上感光底片。由于光的直线传播，光线经过小孔后投射在底片上，成上下颠倒的像。如果用油纸代替感光底片，尽管无法拍摄照片，但可以实时看到物体所成的像。

针孔照相机

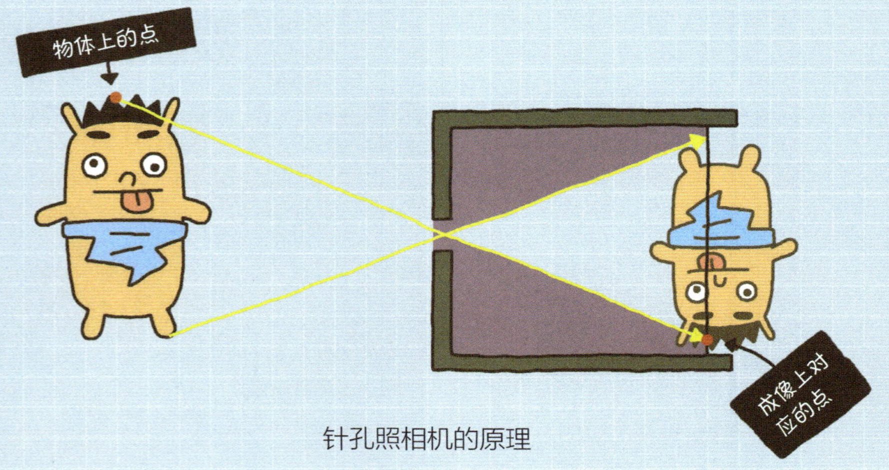

针孔照相机的原理

4 力和运动

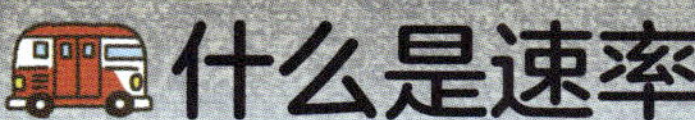

什么是速率

速率是一定时间内物体的移动距离和所需时间的比值，用来表示物体移动的快慢。

移动同样的距离，花费的时间越短，速率越快。同样的时间内，移动的距离越长，速率越快。速率是将物体的移动距离除以花费的时间得到的值。

速度可以同时表示出物体移动的快慢和移动的方向，而速率只能表示物体移动的快慢。速率的单位有m/s、km/h等。

$$速率 = \frac{移动距离}{时间}$$

知识拓展 **平均速率、瞬时速率**

如果物体的移动快慢一直在变化，那么用总移动距离除以花费的总时间，求到的值就是平均速率。每一瞬间的速率叫作瞬时速率，用测速器可以测出物体的瞬时速率。

你见过打点计时器吗

打点计时器是按照一定的时间间隔快速打点以测定物体速率的装置。

用于在实验室中测定物体的速率，由被电磁线圈磁化的振片和纸带组成。振片按照一定的时间间隔（一般是1秒60次）振动。纸带的一头放在打点计时器振片的下方，另一头连接在物体上。让物体开始运动，振片快速振动，在纸带上打下小点，利用点的间隔距离的变化就可以知道物体速率的变化。

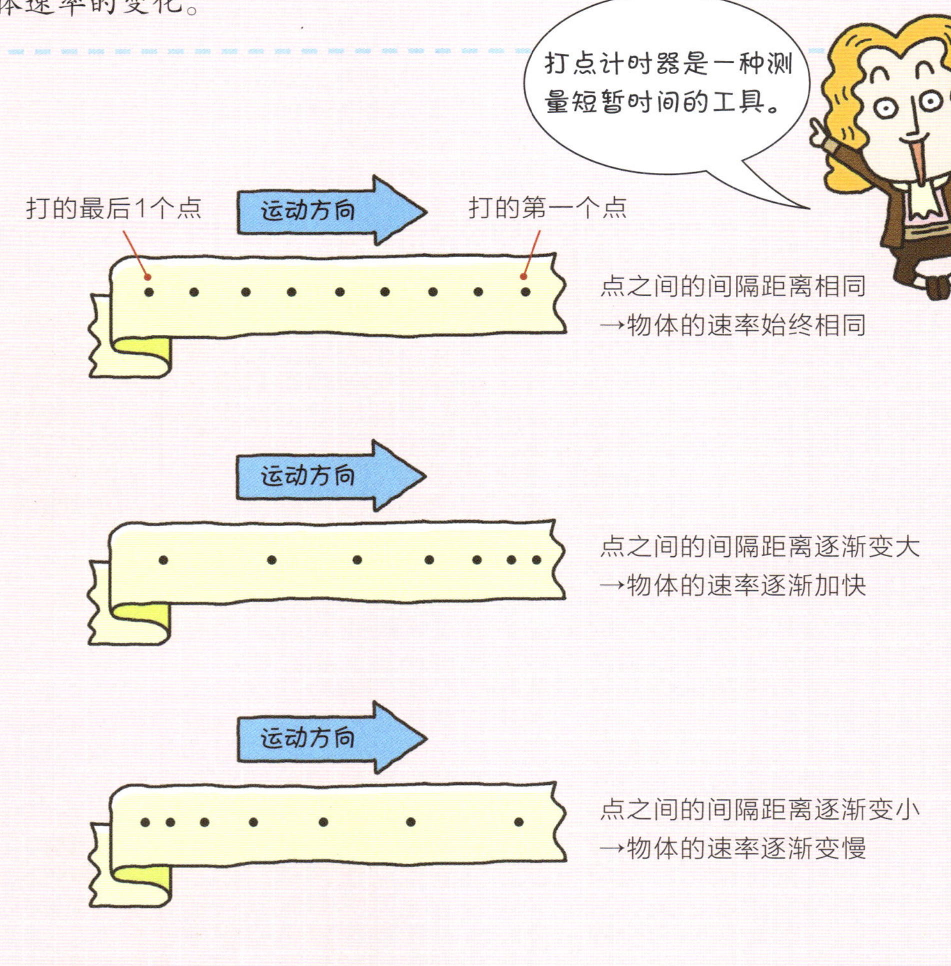

你能分清楚速率和速度吗

速度是一定时间内物体位置变化的直线距离和所需时间的比值，也能表示物体移动的快慢。

速率只能表示物体移动的快慢，而速度不仅可以表示物体移动的快慢，还可以表示物体的移动方向。

物体位置的变化叫作位移，位移就是初始位置到终止位置之间的直线距离，是带有一定的方向的。速度可以用位移除以时间求得，位移的方向也就是这个物体的移动方向。

汽车以100 km/h的速度行驶，这说的其实是汽车的速率。如果说汽车以100 km/h的速度向东行驶，这说的就是汽车的速度。速度的单位与速率相同，为m/s、km/h。

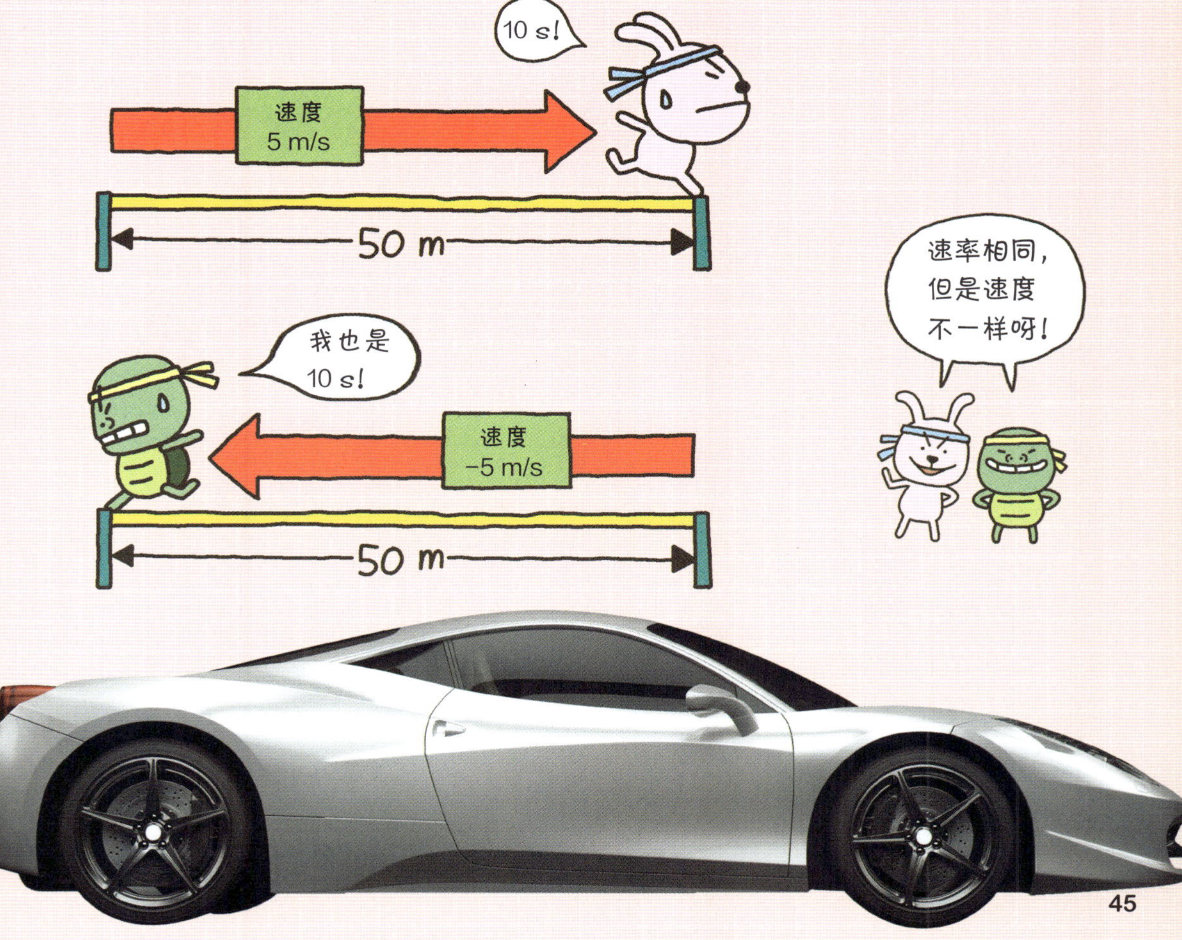

加速度和速度有什么关系

加速度是描述物体速度变化快慢的物理量。

$$加速度 = \frac{末速度-初速度}{所用时间}$$

加速度既有大小，又有方向。一个物体，它的速度无论是大小改变，还是方向改变，都会产生加速度。

加速度的单位是米每二次方秒（m/s^2），反映 1 秒内速度的变化快慢。

加速度因受力而变化，物体受力越大，加速度越大。静止或匀速运动的物体的加速度为零。

做匀速圆周运动的物体，虽然速率未发生改变，但方向一直在改变，所以就会产生加速度。

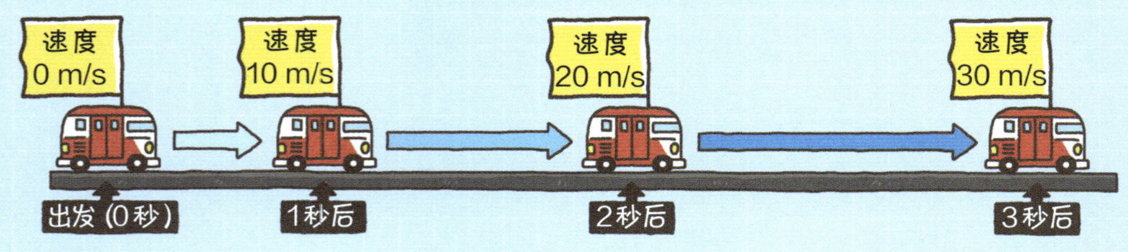

汽车在进行加速度为10 m/s^2 的运动

什么是相对速度

观察者所感受到的物体的速度就是相对速度。

根据观察者自身速度的变化，观察者感受到的物体的速度也会有所不同。对于同样行驶在路上的汽车，停止不动的观察者感觉到的汽车速度和移动的观察者感觉到的汽车速度是不同的。观察者所感受到的物体的速度叫作相对速度。用物体的实际速度减去观察者的速度，就可以得到相对速度。

相对速度=物体的速度-观察者的速度

知识拓展 **运动的参照物**

我们平常说物体在运动的时候，都是有参照物的。我们说火车在往后退，之所以会出现这种现象，是因为观察者位于旁边反方向行驶的另一列火车上。所以运动是相对于参照物来说的。

相对于地球来说，站在地球上不动的人可以说是静止不动的。但如果站在宇宙中看，这个人就是在和地球一起转动。

在描述物体的运动状态时，不同的参照物会让同样的物体出现运动、静止、后退、前进等不同的状态。

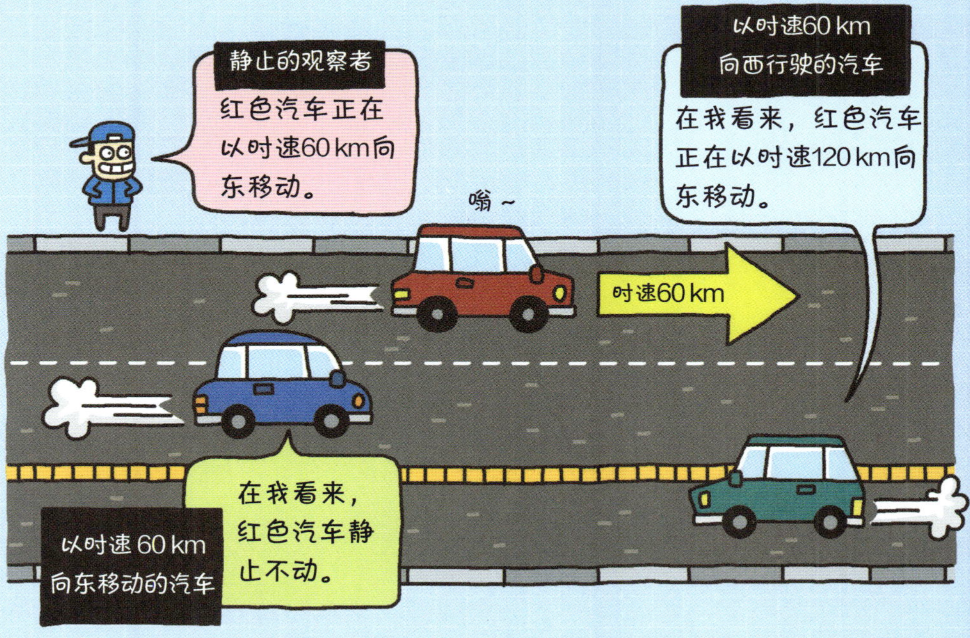

力的三要素是什么

力是改变物体运动状态或形状的原因。

力能够改变物体的运动状态或形状。力的大小、方向、作用点被称为力的三要素，可以用箭头表示（见下图）。力的单位是牛顿（N），1 N就是质量为1 kg的物体获得1 m/s^2的加速度所需的力。可以用弹簧秤测量力的大小，弹簧的伸长长度与力的大小成正比，能通过弹簧形变的长度测算出力的大小。

力的三要素

什么是张力

张力是系在绳子上的物体受到绳子施加的力。

把物体系在绳子上，物体因受重力作用而下垂。由于重力和反方向的力作用于绳索，所以物体不会往下掉。绳子作用的力叫作张力，如果绳子的张力小于重力，那么绳子就会断裂，物体就会掉落。

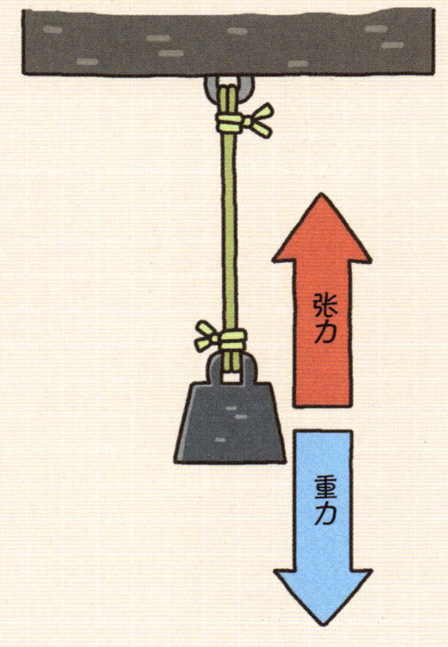

露珠为什么不会破

表面张力是液体为了减小自己的表面积而产生的力。

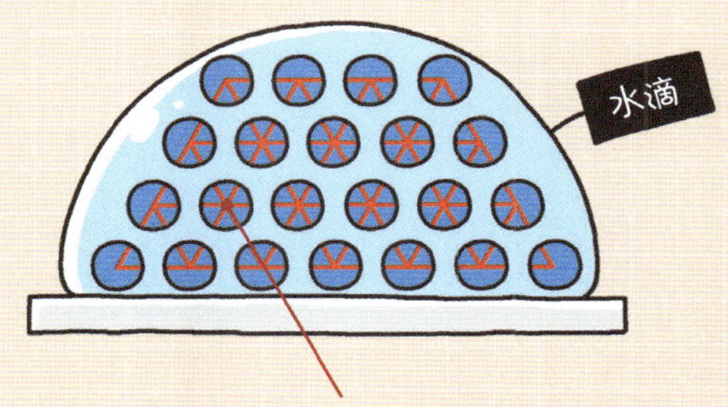

液体内部的分子之间有相互吸引力，但表面的分子没有来自上方的力，所以就会被向下拉，这种力就叫作表面张力。

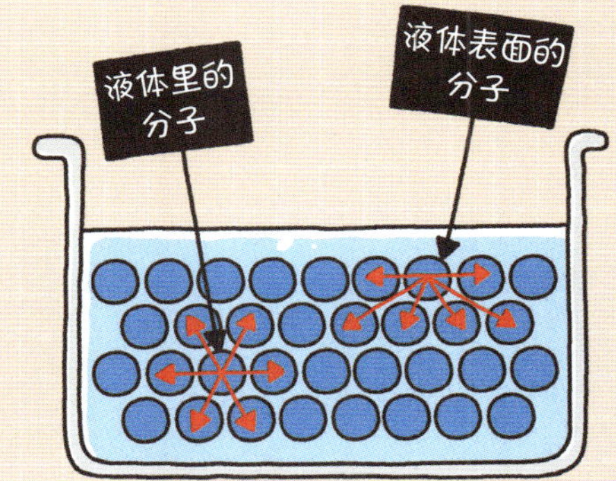

在杯子里装满水，边缘的水就会呈向上鼓起的圆弧状，而不会溢出来，这是表面张力作用的结果。叶子上的露珠、水龙头缓慢垂下的水滴，也是同样的原因。

多个力同时作用于物体上，会发生什么

多个力同时作用于同一物体时，这些力共同产生的效果就是合力。

当多个力同时作用于物体上，物体不是受单个力的影响，而是受到合力的影响，从而导致运动状态发生变化。如果作用于物体的力都在一条直线上，通过简单的加减法就可以得到合力的值。例如，给物体向右5 N的拉力和向左10 N的拉力，则作用在这个物体上的合力为5 N，方向向左，物体向左移动。

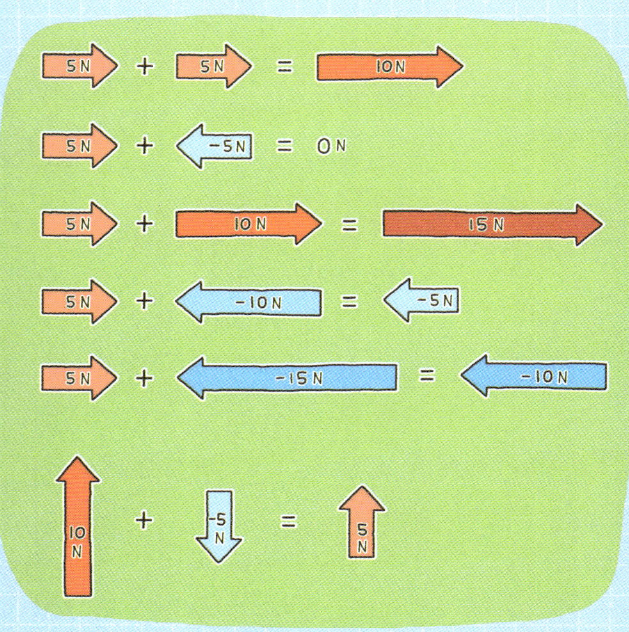

作用于一条直线上的力的合力

不在一条直线上的力的合成

如果力的方向不在一条直线，则可以用平行四边形法则求合力。以作用力的两个力为邻边作平行四边形，对角线即为合力。

你能找出哪些有弹性的物体

弹性是弹簧等物体即使形状受外力发生改变，也可以回到原来的状态的性质。

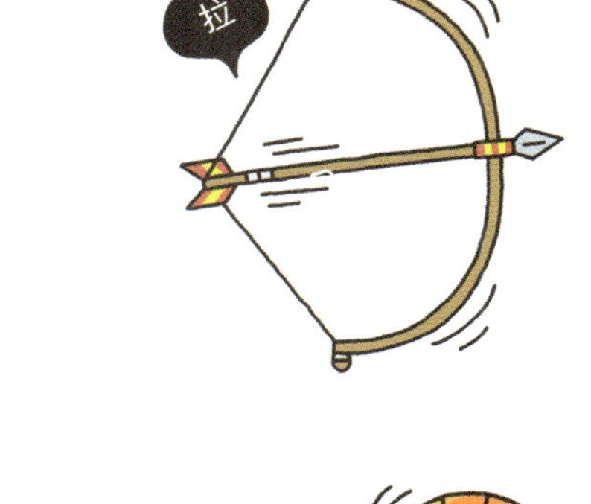

拉长弹簧再松开，弹簧还会恢复成原来的样子，这就说明弹簧是有弹性的。弹簧产生的力就叫作弹力。弹簧的弹力与拉伸的长度成正比——也就是说，弹簧被拉得越长，弹力就会越大。但如果弹簧被拉长到一定程度，也有可能无法恢复原状。可以维持弹簧弹性的最大伸长长度就是弹性限度。

弹簧的材质、厚度等因素也会影响弹力的大小。同样外形的塑料弹簧和钢弹簧，即使拉伸长度相同，它们的弹力也是不相同的。

利用弹性的物体

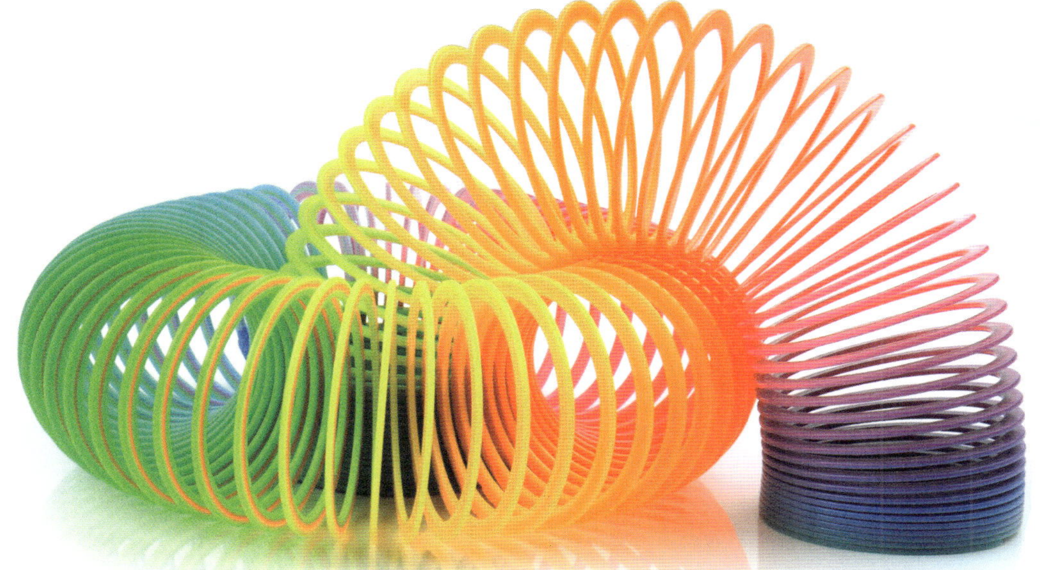

什么是重量

重量是物体所受重力的大小。

重量随着物体所受重力大小的变化而变化。例如，在月球上物体受到的重力只有地球的六分之一，物体的重量也会减少到原来的六分之一。

测量重量的工具有弹簧秤。重量的单位为牛顿（N）。

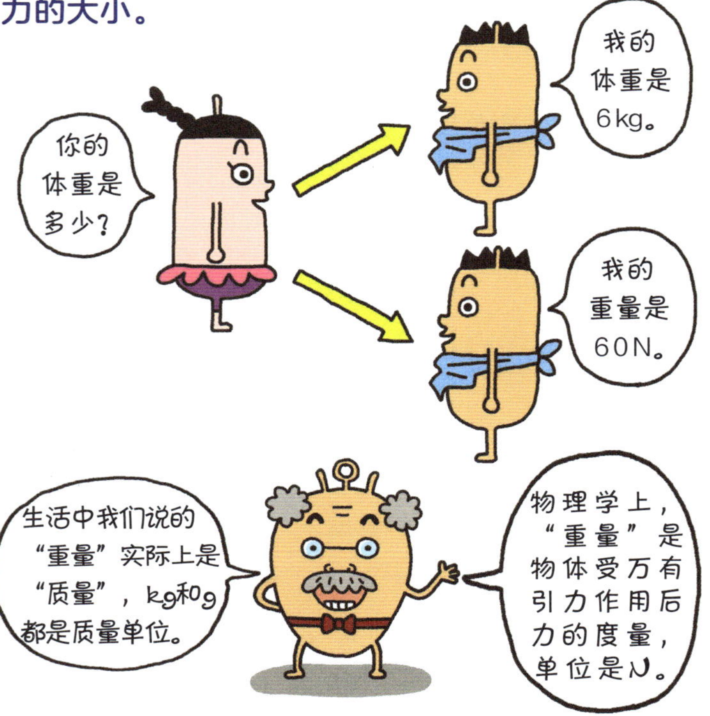

你能举一个和万有引力有关的例子吗

宇宙中任何物体之间都会产生相互吸引力，这就是万有引力。

宇宙间任何物体都存在相互吸引的力，这就是万有引力。两个物体的质量越大、距离越近，它们之间的万有引力就越大。

怎么计算重力呢

重力是万有引力与离心力的合力。

计算重力时，不仅要考虑地球和物体互相吸引的万有引力，还要考虑地球自转产生的离心力。地球上的物体受到的重力的大小，是将地球和物体之间的万有引力，减去地球自转使物体受到的离心力。

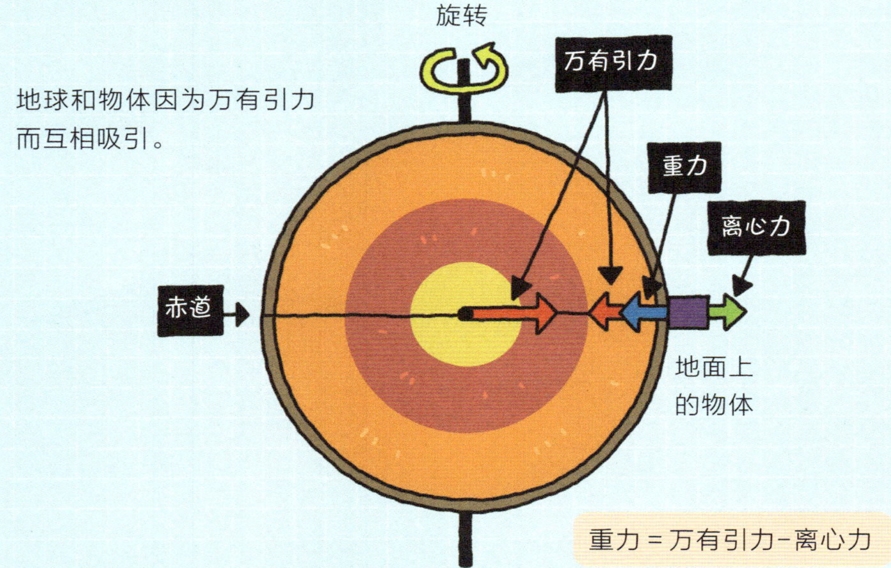

地球表面物体的重力

游泳时，为什么会感觉身体向上漂浮

浸在液体或气体里的物体，受到液体或气体向上的托力，与重力方向相反。

人在水里，身体会向上漂浮，还能相对轻松地提起重物，这是浮力在起作用。

公元前3世纪左右，古希腊学者阿基米德发现，物体在水中受到的浮力，与物体排开的水受到的重力相同。

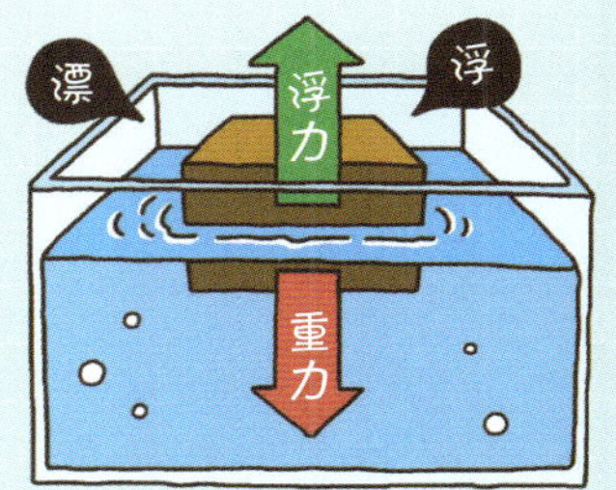

知识拓展 潜水艇的原理

潜水艇的上浮和下潜也利用了水的浮力。潜水艇里有压载舱，当潜水艇准备下潜，压载舱就装入海水，让潜水艇变重。当潜水艇准备浮上海面时，就排出压载舱里的一部分水，使潜水艇变轻，这样就能上浮到水面。

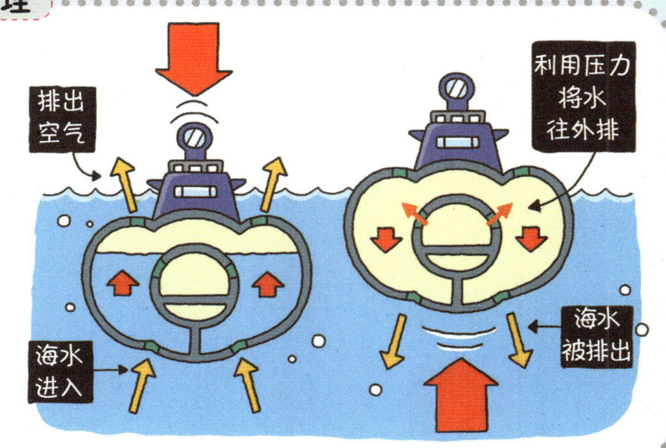

什么是失重

失重是物体对支持物的压力或对悬挂物的拉力小于物体所受重力的现象。

完全失重状态下，人站在体重计上，指针不会发生偏转。

如果能够远离有重力的地方，物体就会不受重力作用，而处于失重状态。但根据万有引力定律，所有物体间都存在相互吸引力，所以说，重力只是变小而已。

在失重状态下，无法把水装在杯子里，人的身体会飘浮在空中。

你知道牛顿三大运动定律吗

牛顿三大运动定律是牛顿总结出的有关物体运动的规律。

牛顿第一运动定律　惯性定律

任何物体总保持匀速直线运动或静止状态，直到外力迫使它改变运动状态为止。

牛顿于1687年在《自然哲学的数学原理》一书中总结提出。

牛顿第二运动定律　加速度定律

物体加速度的方向和作用力的方向相同。加速度的大小和作用力成正比，和物体的质量成反比。

牛顿第三运动定律　作用与反作用定律

相互作用的两个物体之间的作用力和反作用力，总是大小相等、方向相反。

汽车突然刹车时，乘客为什么会往前倾

惯性是指物体保持当前运动状态的性质。

任何物体都会一直保持匀速直线运动或静止状态，直到外力迫使它改变状态为止，这种性质被称为惯性。物体的质量越大，惯性越大。当施加外力时，平衡状态被破坏，物体的速率或运动方向会发生改变。这就是牛顿第一运动定律，又称惯性定律。

用力抽出桌布时，碟子和杯子由于惯性留在桌子上。

我们跑步时脚被石头绊住，身体由于惯性持续向前运动，因此会向前摔倒。

公交车启动时

启动汽车时，站在公交车地板上的脚和车一起向前运动。但身体由于惯性保持静止，所以身体向后倾。

公交车刹车时

刹车时，身体由于惯性向前运动，但脚随着公交车已经停止了运动，所以身体向前倾。

什么是离心力

离心力是指做圆周运动的物体产生的远离圆心方向的作用力。

汽车转弯时，乘坐者会向与转弯的中心方向相反的一侧倾斜，这时使身体向外倾斜的力就是离心力。这种力是乘坐者能感觉到的，但不是实际存在的力。惯性导致了离心力的产生。由于汽车在转弯之前，一直进行直线运动，所以乘坐者也具有进行直线运动的惯性。即使汽车在弯道上行驶，乘坐者也会因为惯性而继续进行直线运动，从而身体会向外侧倾斜。

让装了水的桶做圆周运动时，由于离心力的作用，即使桶倒过来，水也不会洒出来。

来看看向心力

向心力是物体做圆周运动时所受的指向圆心的作用力。

向心力指向圆的中心，使物体做圆周运动。

将球吊在绳子上做圆周运动时，向心力是绳索拉球的力。人造卫星之所以能够以地球为中心旋转，是因为引力充当了向心力。

没有向心力，物体就不能做圆周运动。转动链球并放手，链球就不再做圆周运动，而是沿运动的方向飞出去。

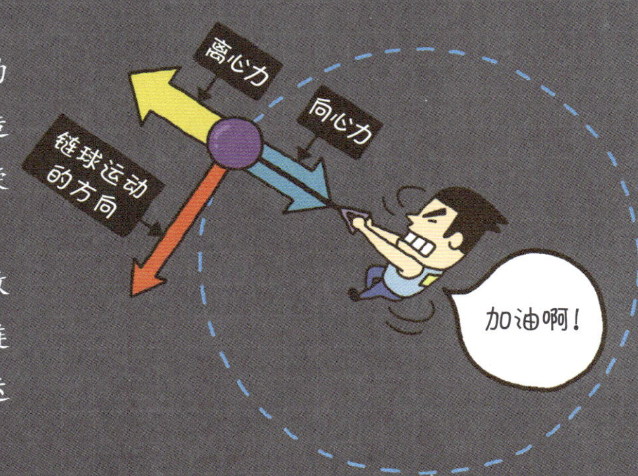

人造卫星
向心力（地球的引力）

由于向心力的作用，我会一直绕着地球转。

作用与反作用定律

作用力和反作用力大小相等、方向相反，作用在同一直线上。

地板光滑，人脚踩滑板用力推墙，墙不会移动，人反而被墙向后推，这是因为力总是成对出现的，人推墙，墙也推人。人推墙的力是作用力，墙推人的力是反作用力。作用力和反作用力大小相等、方向相反。也就是说，如果人用力推墙，墙也会用力推人。

知识拓展 火箭的原理

火箭喷出气体后，气体将火箭推向相反的方向。

喷气动力飞机的飞行也是利用作用力和反作用力的原理。但是，飞机飞行过程中受到的升力来自机翼上下方空气流速不同而产生的压力差。

怎样准确地说明物体的运动

物体的运动是以某个点为基准，物体的位置随时间发生变化。

为了准确地说明物体的运动，必须同时指出物体的位置和速度。

物体的位置利用基准点、方向和距离来表示。例如，邮局在离医院（基准点）东侧（方向）50 m（距离）的地方，这样所有人都可以知道邮局的位置。

物体运动的快慢用速度或速率来表示。

接触面积越大，摩擦力越大吗

摩擦力是阻碍物体运动的力。

两个相互接触的物体之间会产生摩擦力，摩擦力的方向与物体受力方向相反。物体表面越粗糙，物体越重，摩擦力就越大。

常见误区 接触面越大，摩擦力越大？

接触面积的变化不会改变物体的质量，所以摩擦力与接触面积的大小无关，只和接触面受到的压力有关。

减少摩擦力

在接触面涂润滑油，减小摩擦力，以减少机器的磨损。

增大摩擦力

用橡胶做鞋底可以增大摩擦力。

什么是空气阻力

空气阻力就是空气阻碍物体运动的力。

运动物体会受到与运动方向相反的空气的阻力。物体运动的速度越快，受到的空气阻力越大；物体与空气的接触面积越大，受到的空气阻力越大。飞机、汽车和高速列车对速度有要求，所以为了减少空气阻力的影响，机身或车身被设计成了流线型。

与此相反，降落伞需要更大的空气阻力。使用面积较大的降落伞时，其受到的空气阻力会更大，因此人能更缓慢地降落。跳伞者在跳伞时，要伸展四肢，扩大身体与空气的接触面积，增加空气阻力，从而减缓下降速度。

匀速直线运动

匀速直线运动是指速度的大小和方向都不改变的运动。

作用在运动物体上的外力之和为0时，物体的运动方向和速度保持不变。做匀速直线运动的物体，在同等时间内移动的距离相等。例如，自动人行道、手扶梯、传送带等。

自动人行道

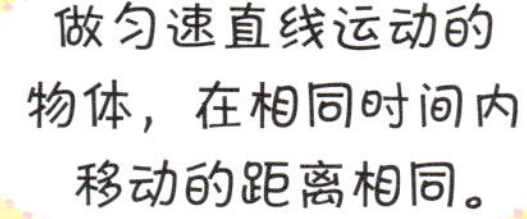

1秒内移动的距离

2秒内移动的距离

3秒内移动的距离

匀速圆周运动

匀速圆周运动是指物体的速率大小保持不变的圆周运动。

对做匀速直线运动的物体施加与运动方向垂直的力，物体的运动方向会发生变化。如果一直施加这个力，物体就会做圆周运动。此时物体的速率是固定的，但运动方向一直改变，这种运动叫作匀速圆周运动。做匀速圆周运动的物体有时针、分针和秒针、公园里的摩天轮和旋转木马等。

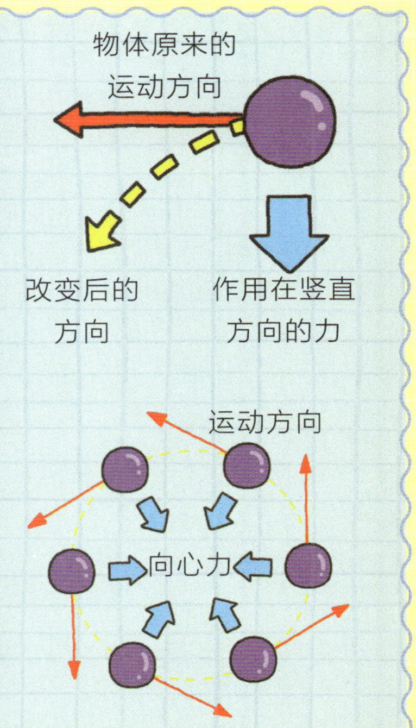

自由落体运动

自由落体运动是物体在一定高度只受重力作用时向下降落的运动。

做自由落体运动的物体初速度为零，只受重力的作用。重力对自由下落的物体产生的加速度，就是重力加速度。

在地球上，重力加速度的值几乎是固定的，约为 $9.8\ m/s^2$。

也就是说，做自由落体运动的物体的速度每秒约增加 9.8 m/s。如果没有空气阻力，从同一高度自由落下的物体，无论质量大小，都会同时落地。

什么是振动

振动是指随着时间的流逝，物体以原位置为中心进行往复运动的过程。

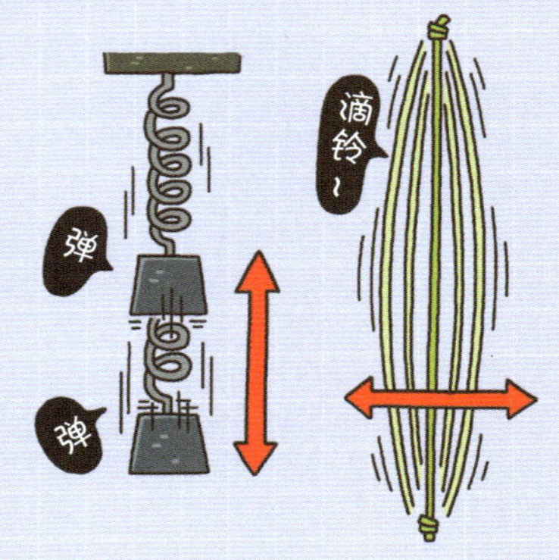

当我们拉长一端被固定的弹簧后松手、拨动橡皮筋，或者提起摆锤再放手，都可以观察到振动现象。

物体在单位时间内完成振动的次数叫频率，单位是赫兹（Hz）。例如，某个物体在1秒内振动了30次，那么它的振动频率就是30 Hz。振动一次所需的时间叫振动周期，振动周期和振动频率成反比。

你见过单摆这种装置吗

有一根上端固定不能伸长的轻线和其下端悬挂的一个小球组成的摆叫作单摆。

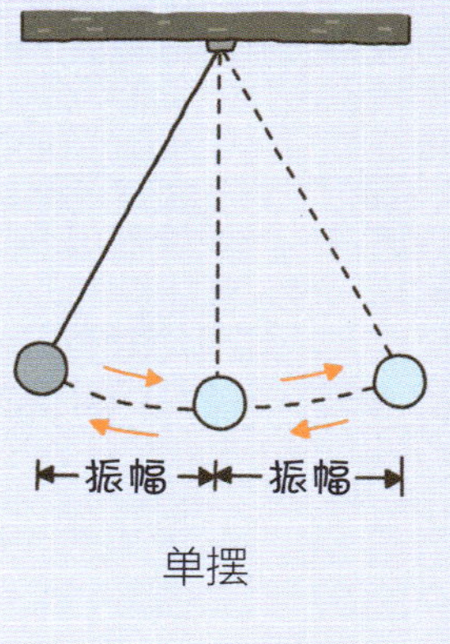

单摆

单摆的摆锤到达两侧顶点的瞬间会停止不动，在最低点时运动速度最快。最常见的单摆就是钟摆。

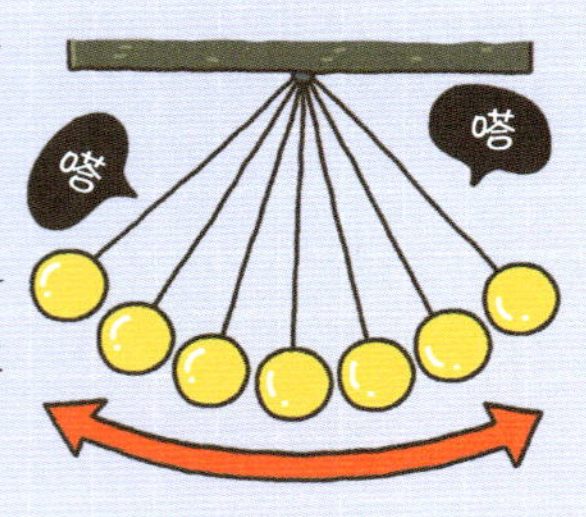

在弹簧的一端连接物体，使物体进行往复运动的物理模型叫作弹簧振子。弹簧振子在到达两侧最远处的瞬间会停止不动，在回到弹簧的原长度相应的点时运动速度最快。

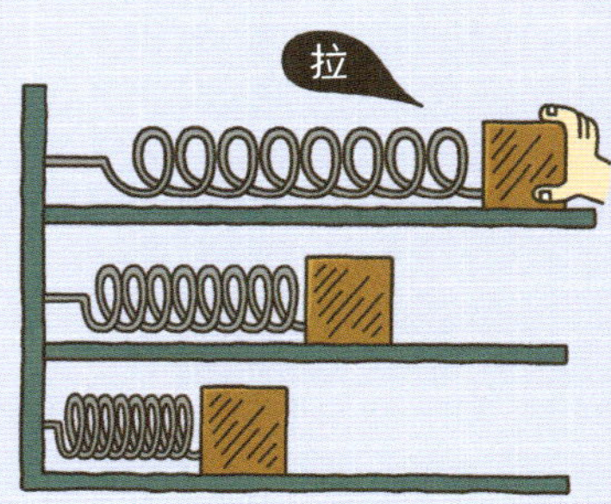

弹簧振子

向平静的湖面扔一块石子，会产生什么

波动是一处产生的振动随着时间的流逝向周围扩散的现象。

如果向平静的水面扔一块石子，以石子入水的位置为中心，会产生圈圈涟漪，这就是一种波动。此时介质是水，水没有发生移动，只是传递了能量。

根据振动方向和传播方向的不同，可以把波分为横波和纵波。横波的振动方向和传播方向互相垂直。将弹簧的一端固定，抓住另一端上下晃动，就会出现横波。横波的最高点叫作波峰，最低点叫作波谷。从波的平衡位置到波峰的距离，以及到波谷的距离，都被叫作振幅。从波峰到另一个波峰的距离，以及从波谷到另一个波谷的距离，都被叫作波长。地震波中的 S 波、光波都是横波。

纵波的振动方向与传播方向相同，将弹簧的一端固定，抓住另一端前后晃动，就会出现纵波。纵波中质点分布最密集的位置叫作密部，质点分布最稀疏的位置叫作疏部。相邻两个密部（或疏部）之间的距离就是波长。声波、地震波中的 P 波都是纵波。

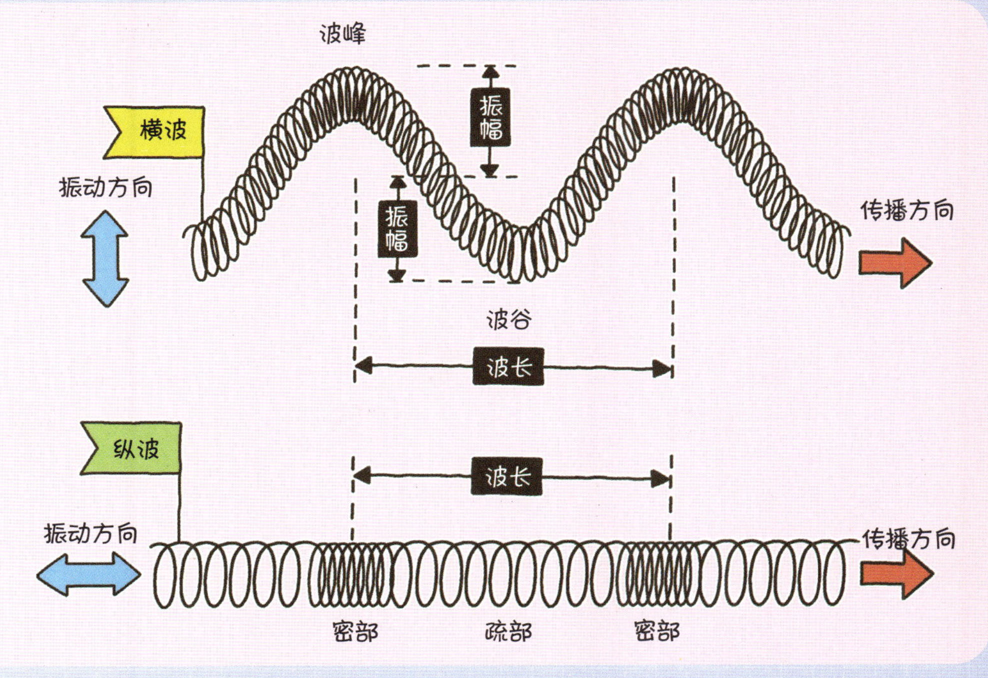

5 压强

怎样计算压强

平底鞋穿起来更舒服哦。

压强是物体所受压力的大小与受力面积的比。

用同样大小的力挤压物体时，受力面积越小，压强越大。例如，穿高跟鞋的脚会比穿运动鞋的脚感觉更累、更疼，是因为高跟鞋的鞋底面积更小，所以脚受到的压强更大。

高跟鞋

将作用于物体上的压力除以受力面积就能计算出压强。压强的单位是帕斯卡（pascal），简称为帕，符号为Pa，1 Pa=1 N/m^2。

平底鞋

受力面积一样，压力越大压强越大。

压力一样，受力面积越小压强越大。

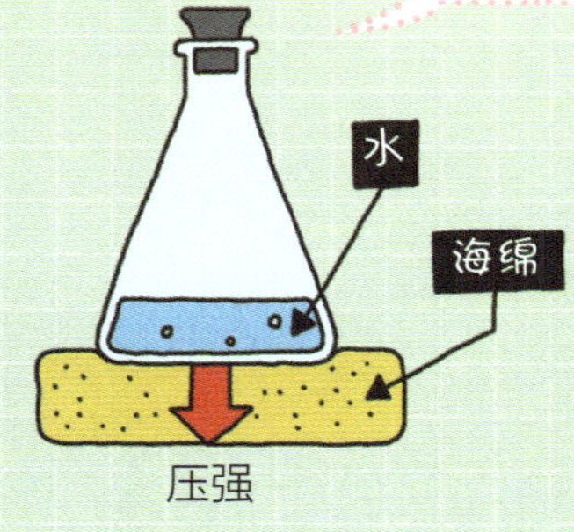

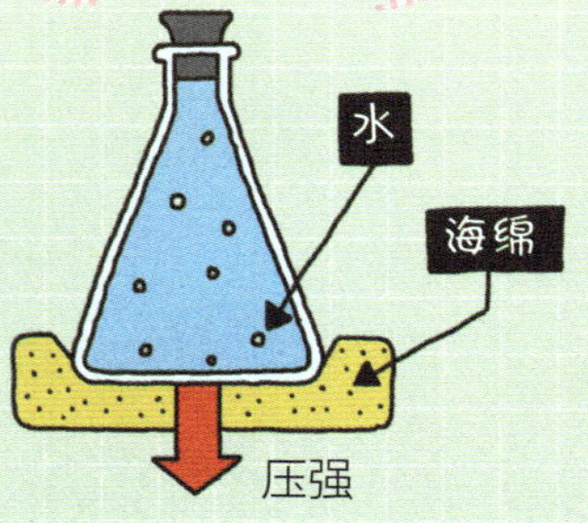

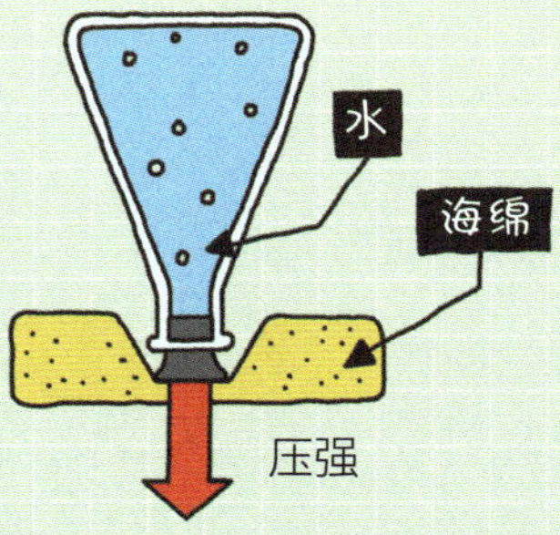

压强和压力、受力面积的关系

什么是液压

液压是指液体挤压物体的压力。

液体内部的同一深度处，各个方向的压强都相等。深度越深，压强越大。

高度为 10 m的水桶装满水，桶底受到的水压等于 1 个标准大气压。潜入水面下方30 m的人，会受到 1 个标准大气压加上相当于 3 个标准大气压的水压，也就是说受到相当于 4 个标准大气压的总压强。

伯努利定理

流体中流速越大的位置，压强越小。

流体是指像空气或水一样能够流动的物质。

伯努利定理由瑞士数学家丹尼尔·伯努利于1738年发现。

伯努利定理是飞机起飞的原理之一。飞机的机翼上表面凸起，空气流过机翼时，上方空气的流速比下方的空气流速更快，这样下表面的压强就高于上表面的压强，就产生了向上的升力。

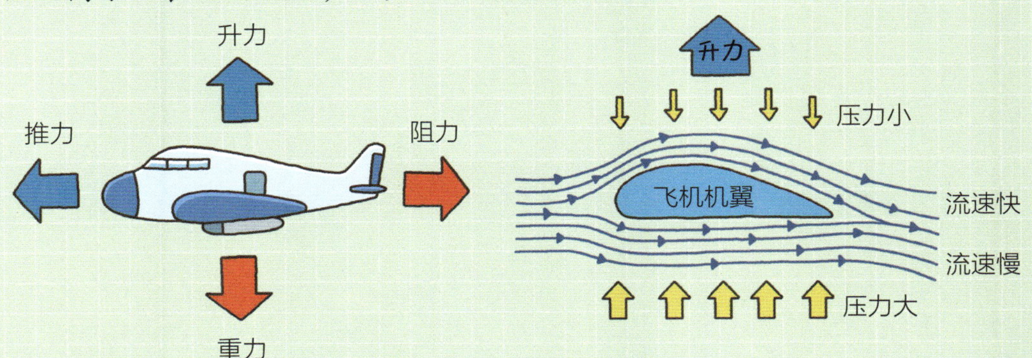

查理定律

查理定律是指当体积不变时，一定质量的气体的温度每升高1 ℃，其压强增加量等于它在0 ℃时的压强的1/273；或在体积不变时，一定质量的气体的压强和热力学温度成正比。

这是因为气体的温度升高，会导致气体分子的运动加剧，分子间的距离随之扩大。

同理，把瘪了的乒乓球放进热水里，球就会鼓起来；夏天给汽车轮胎充的气，要比冬天充的气少。

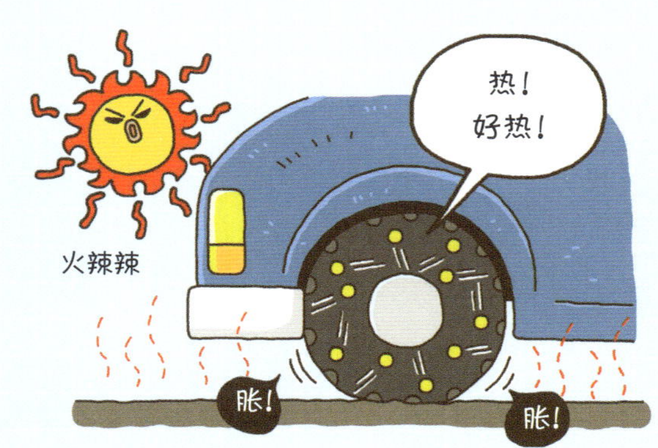

玻意耳－马略特定律

玻意耳－马略特定律是指在理想条件下，一定质量的气体在保持温度不变时，它的压强和体积成反比关系。

气球飘上天空的过程中，气压逐渐变小，气球体积变大，最终破裂。

飞机升空后，气压减小，零食包装变胀。

潜水员吐出的气泡越接近水面，受到的压力越小，体积就越大。

6 简单机械

什么是“功”

“功”是指物体受力运动时，力与物体沿力的方向移动的距离的乘积。

只有物体在受力方向上移动了，这个力才对物体做了功。因此如果物体没有受力或物体没有在受力方向上移动，就没有做功。

功=力×沿力的方向移动的距离

例如，当你拿着较重的物体不动时，你给物体施加的力是朝向重力的相反方向，即朝上方。但是由于物体没有向上移动，所以并没有做功。另外，因惯性而运动的物体没有受力，因此也没有做功。

功可以用力乘以沿受力方向移动的距离来计算。功的单位和能量的单位一样均为焦耳，简称焦，符号是J。

哦？玩跷跷板还有小窍门

杠杆平衡是指杠杆保持水平并静止的状态。

体重相同的两个人，分别坐在离跷跷板中心同样远的两侧，跷跷板不会向任何一边偏斜，而是保持平衡状态。

如果想要杠杆保持平衡，那么两边“施加的力×物体到支点的距离”的值就必须相等。托盘天平就是利用杠杆平衡原理来测量物体质量的。

原来我们的身边有很多杠杆装置呢

杠杆就是在力的作用下能绕着固定点转动的杆。

做同样的事情，使用杠杆可以更省力。杠杆有三个点：动力点（施加外力的点）、支点（支撑杠杆的点）、阻力点（承受物体的点）。

杠杆平衡条件用公式表示是：杠杆动力点受到的力×动力点离支点的距离＝阻力点受到的力×阻力点到支点的距离。

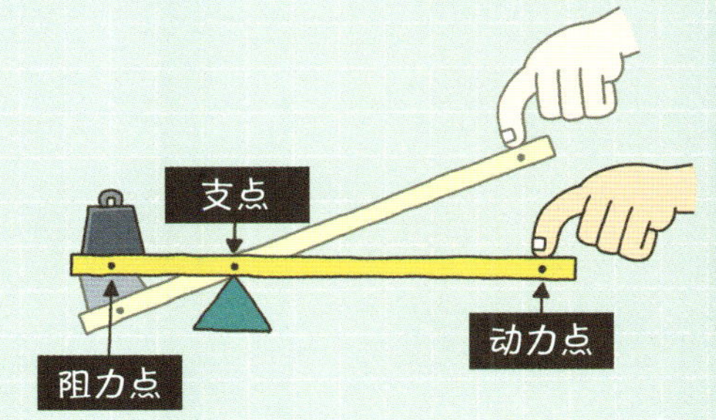

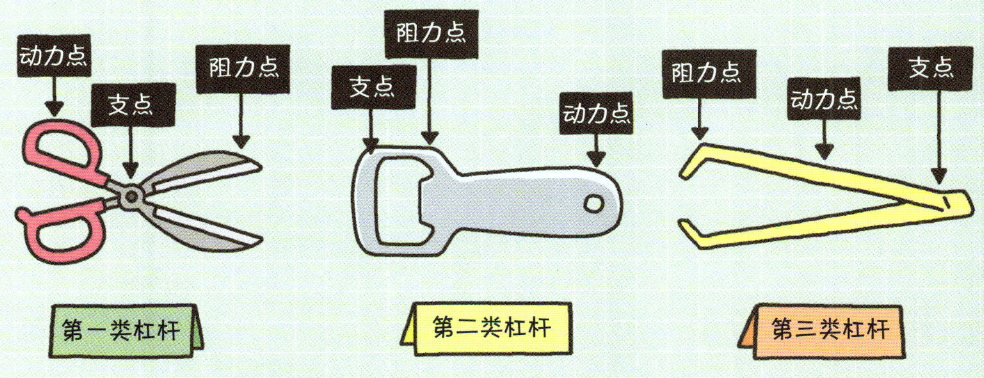

根据动力点、支点、阻力点相对位置的不同，可以将杠杆分为三类。

第一类杠杆的支点位于动力点和阻力点之间，想要使用第一类杠杆提起物体，就需要施以向下的力。跷跷板、天平、剪刀等都是第一类杠杆。

第二类杠杆的阻力点位于支点和动力点之间，使用第二类杠杆时，施力方向与物体运动方向相同。例如瓶起子。

第三类杠杆的动力点位于支点和阻力点之间，使用第三类杠杆提起物体时，会相对费力，但可以完成一些精细的操作。筷子、镊子都是第三类杠杆。

滑轮装置一定能省力吗

滑轮是能改变力的方向或能省力的有轴装置。

将定滑轮固定在墙或天花板上，可以改变力的方向，但力的大小不变。不过，提起物体时，向下拉要比向上提更方便一些。

动滑轮由于不固定，力的方向不变，但可以省力。但是拉绳子的距离变长。

定滑轮

动滑轮

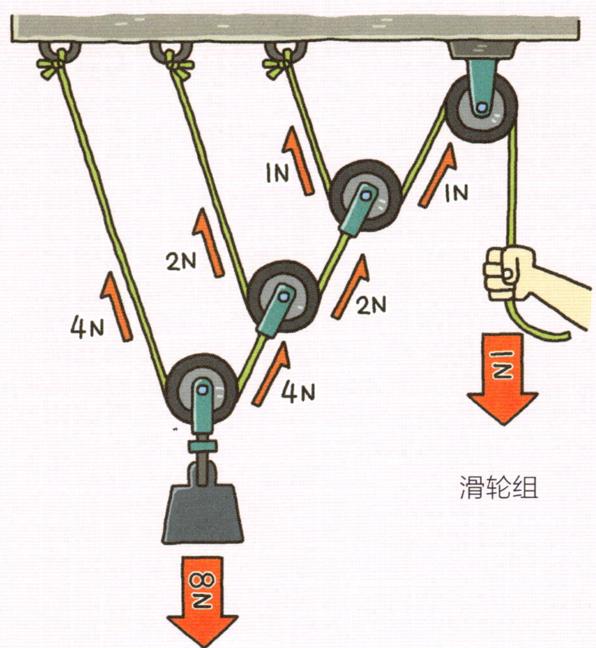

滑轮组

秤有哪些分类呢

秤是测量物体质量或重量的仪器。

秤可以分为托盘天平、杠杆秤、弹簧秤、台秤等。

托盘天平和杠杆秤一般用于测量物体的质量。

弹簧秤和台秤一般用来测量物体的重量。台秤里也有弹簧，称量时，弹簧形变的长度与重量（重力）成正比。

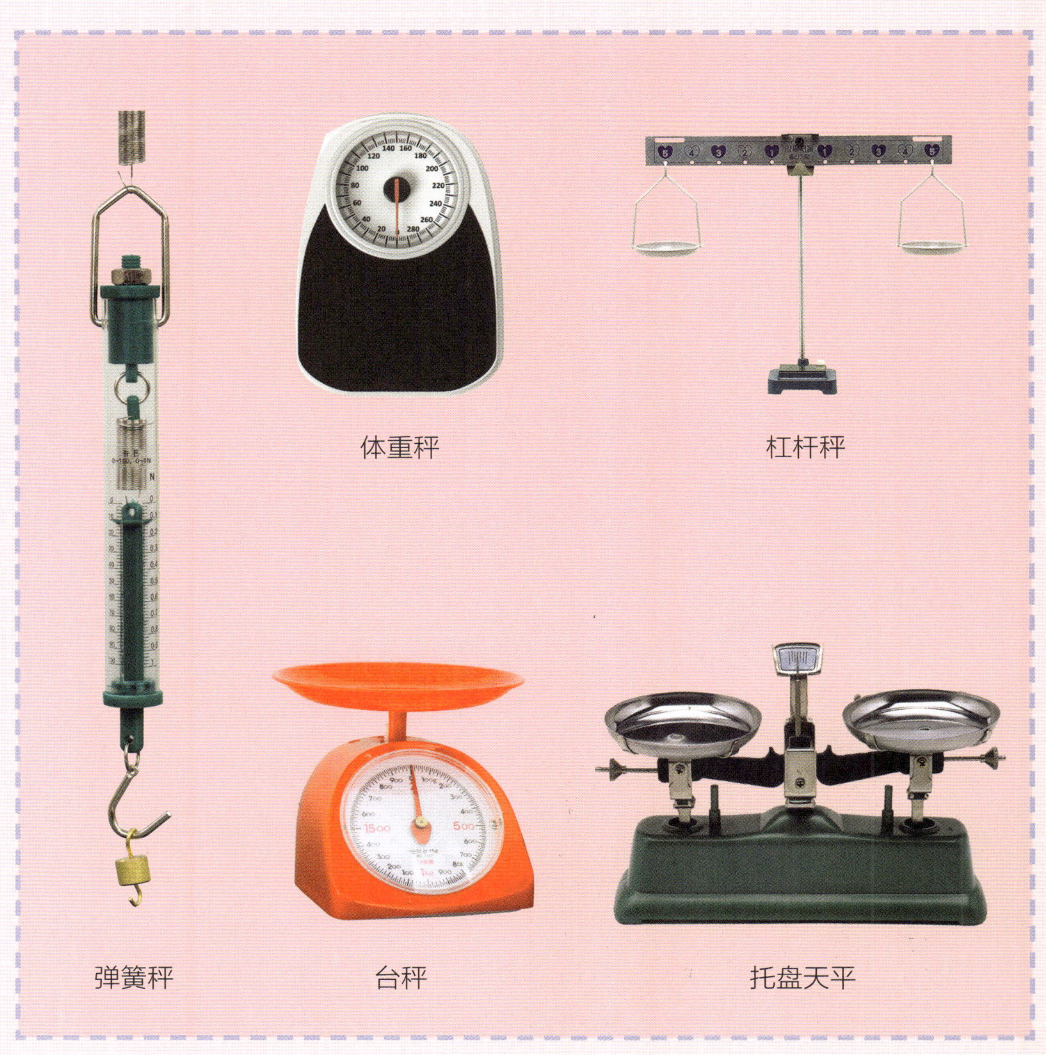

弹簧秤　体重秤　杠杆秤　台秤　托盘天平

来看看古代的起重架

起重架是用来提开重物的装置。

《奇器图说》是中国古代的一部系统地介绍西方机械的专著，由德国传教士邓玉函口译，王徵笔述绘图，发行于1627年。

学者丁若镛（1762—1836年）参照《奇器图说》设计了一种起重架。这种起重架由四个定滑轮和四个动滑轮组成，用实际重量八分之一的力就能提起重物。在建造水原华城时，人们利用此装置节约了时间和工程费用。

起重架出现之前，人们仅靠人力搬运重物。水原华城一开始预计需要10年才能建成，但使用起重架后，仅用了两年半时间就全部建成。

知识拓展 辘轳和游衡车

丁若镛在建造水原华城时，除了起重架外，还设计制造了两台辘轳和十台游衡车。

辘轳能提起重物，原理和起重机相似。虽然使用定滑轮并不省力，但可以八个人一起转动摇柄，这样就可以提起重物。

游衡车是改良版的板车，在这之前的板车车轮很大，不便于人们往车上装石头，而且车轮也不结实，容易损坏，制作板车的费用也很高，丁若镛制作的游衡车弥补了这些不足，加固车轮并换成了小车轮，也解决了原来重心不稳的问题。但如今已经看不到游衡车的真实样貌了。

辘轳

用水还能计算时间吗

水钟是用水计算时间的装置。

水钟容器内部有刻度，底部有小孔。用水装满容器后，水开始流出，通过观察减少的水量，就可以知道经过了多少时间。

早期的水钟有个缺点——随着水量的减少，容器内的水压也会降低，因此单位时间内减少的水量并不是恒定的。为了解决这个问题，人们增加了水桶的数量，让中间几个水桶永远是满的。

水钟

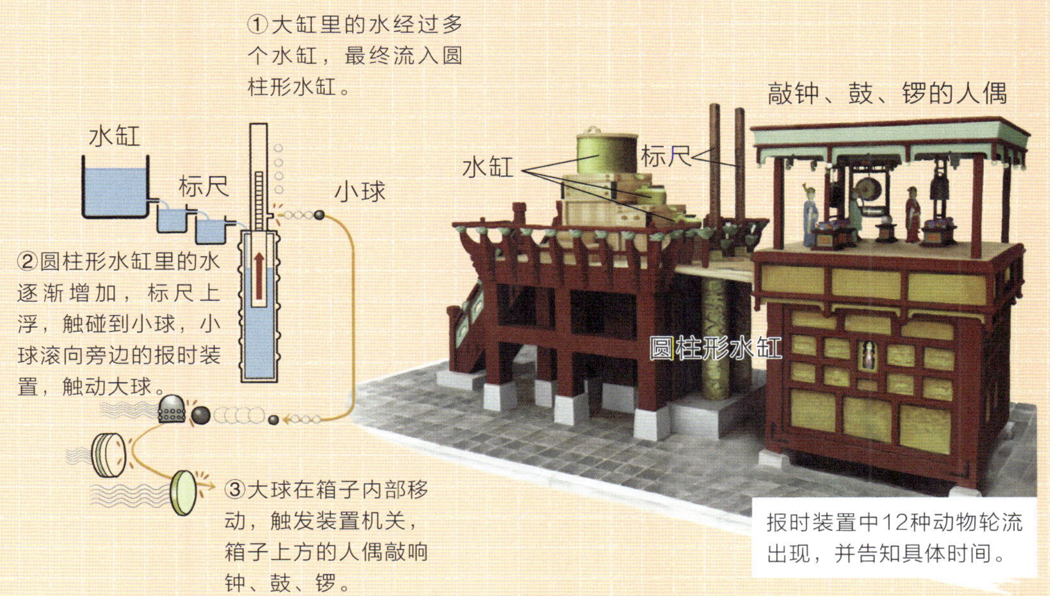

自鸣漏壶的原理

爬山为什么会比走台阶累

斜面是与水平面形成一定角度的平面。

做同样的功，使用斜面可以更省力，但移动距离会有所增加。斜面的倾斜度越小，就越省力，移动距离也会越长。坡道、台阶、螺丝都是根据斜面的原理制造的。

用不同斜面把同一物体升高到同一高度，所用的力和距离：

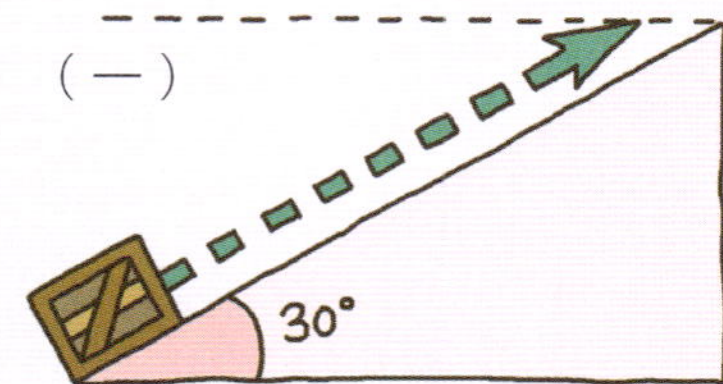

力：5 N
移动距离：2 m

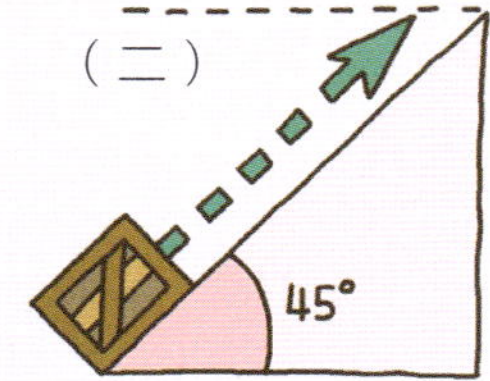

力：7 N
移动距离：1.4 m

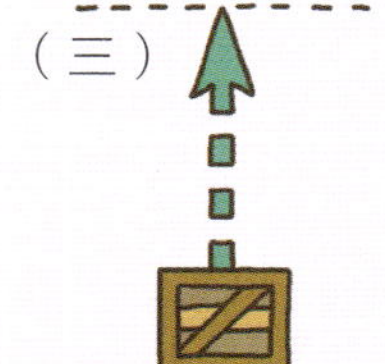

力：10 N
移动距离：1 m

知识拓展 螺纹

螺钉也是根据斜面能省力的原理制造的。沿着螺纹拧钉子，比沿着垂直方向钉钉子更省力。

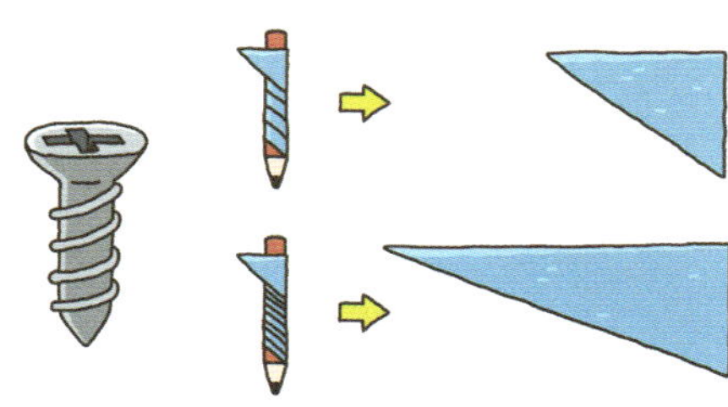

7 能量

什么是能量

知识拓展 能量转换

一种能量可以转化为另一种能量。例如打开电视，电能就会转换成光能、声能和热能。

能量是物体做功的能力。

能量有机械能、内能、电能、光能、化学能等形式。

能量不会凭空消失或产生，在一定条件下，各种能量之间会互相转化，或者能量会从一个物体转移到其他物体，在这样的过程中，能量的总量保持不变，这就是能量守恒定律。能量的单位和功的单位一样，都是焦耳（J）。

动能	重力势能
运动的物体拥有的能量	物体因为重力作用而拥有的能量

电能	热能（属于内能）
电力供应产生的能量	放热的物体具有的能量

光能	化学能
发光的物体具有的能量	化学物质产生的能量

热量是怎么转移的

温度高的物体把能量传递到温度低的物体上，所传递的能量叫作热量。

热不是某个物质固有的，而是可以在物质之间相互转移的，也可以叫作热能。热量会从温度高的地方转移至温度低的地方，至温度相同时则不再移动。热传递的方式有热传导、热对流和热辐射三种。通常用热量来描述热能的多少。

来看看热量的变化

热量总是由高温物体向低温物体传递。

热量多，意味着用于改变物体温度的能量多。滚烫的水会产生水蒸气，水蒸气产生的压力能够推动蒸汽火车运行，这说明物体具有的热量可以向外部做功。物质内部的能量发生变化、温度发生变化、水会蒸发或凝固成冰，这些现象都是由于热量的变化而产生的。热量的单位是焦耳（J）。计算食物中的热量时，有时我们会用到卡路里（cal）这个单位，1 cal相当于在1个大气压下，1 g水升温1 ℃所需要的热量。1 cal≈4.18 J。

什么是吸热

物质在化学反应或物态变化的过程中，可能会从周围吸收热量。

物质在化学反应或物态变化后，含有的能量比原始物质的能量多，就说明从周围吸收了热量，吸收热量的数值等于化学反应或物态变化前后能量的差值。生活中，厨房里的小苏打吸热后会分解产生二氧化碳和水等，冰块融化和水的煮沸也会吸热。

什么是比热容

比热容是质量为1 kg的物质，温度每升高1 ℃吸收的热量。

一定质量的某种物质，温度升高时所吸收的热量与它的质量和升高的温度乘积之比，就是这个物质的比热容。比热容的符号为c，单位为焦/（千克·摄氏度），符号为J/（kg·℃）。

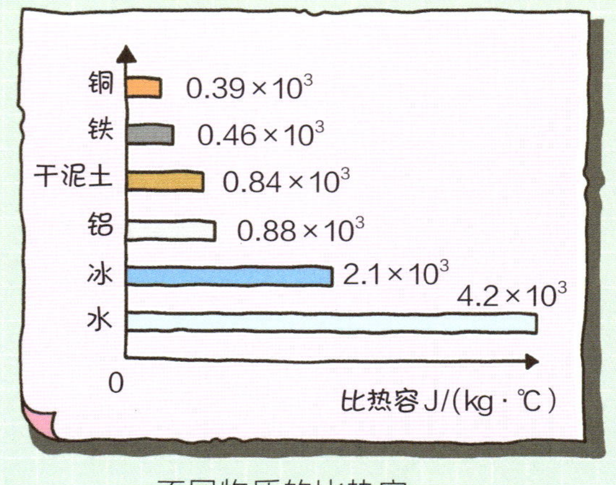

不同物质的比热容

水的比热容是4.2×10^3 J/（kg·℃），也就是说1 kg的水温度升高1 ℃ 时吸收的热量是4.2×10^3 J。

水的比热容要高于大多数物质，因此不容易发生温度变化。人体内的水有助于将体温维持在一定的水平。

来看看热辐射

在没有介质的情况下，高温物体可以通过热辐射直接将热能传递给低温物体。

热辐射是热传递的三种方式之一，其他两种是热对流和热传导。

从太阳传递到地球的热能，篝火和电暖器的热能，都是通过辐射传递的。通过辐射传递的能量被称为辐射能。所有物体都可以发射和吸收辐射热能。表面为黑色的物体可以吸收大部分辐射热能，表面为白色的物体则会反射大部分辐射热能。

知识拓展 **人体的热辐射**

不只太阳和电暖器能产生热辐射，人体也会产生热辐射。冷的时候，几个人待在一起会感到温暖，热的时候几个人待在一起会觉得更热，这都是因为人体的热辐射的原因。

来看看热传导

热传导是通过物质传递热的方式。

热总是从温度较高的物体移动到温度较低的物体。物质受热后温度上升，会向周围温度较低的物质传递热量，这种通过物质传递热的方式叫作热传导。

不同物质的导热程度不同，金属的导热性能要比木头和塑料高，这就是金属汤勺或锅的手柄一般由木头或塑料制成的原因。

嘟！嘟！开着混合动力汽车去兜风

混合动力汽车就是由两种或多种动力驱动的汽车，在油耗和尾气排放方面较普通汽车有所改善。

混合动力汽车就是将不同的动力联合在一起的汽车，如柴油发动机和电机，汽油发动机和电机等。混合动力汽车比普通汽车排出的尾气更少，也更节省燃料。

其中一类混合动力汽车在一定速度以下会同时使用电力和燃油驱动，超过这个速度则使用燃油驱动。混合动力汽车在汽车刚启动时也会同时使用电力以节省燃料，在等待信号灯时则关闭燃油和电力发动机，以节约能源。

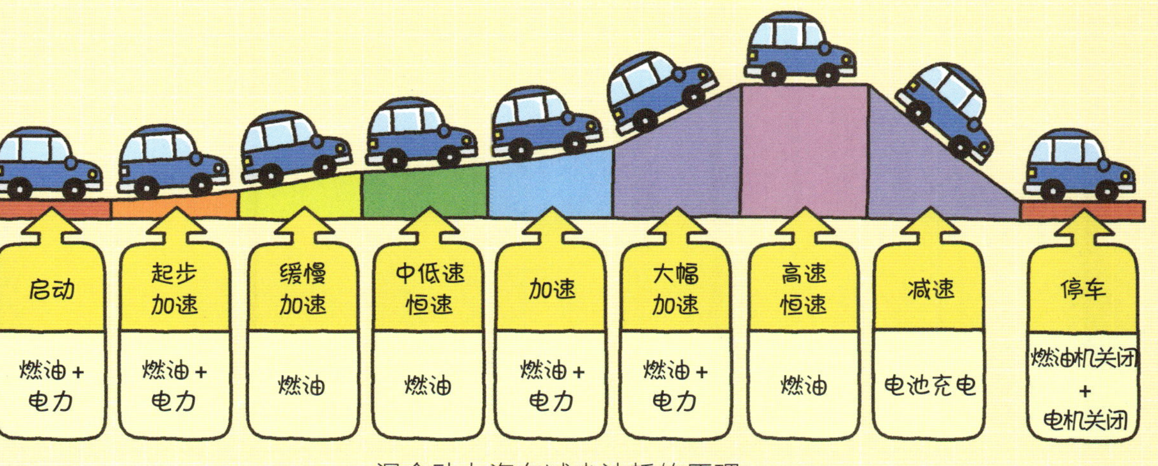

混合动力汽车减少油耗的原理

8 电与磁

相互摩擦的物体可能带电

相互摩擦的物体可能带电，自然界只有正、负两种电荷。

构成物质的基本粒子是原子，原子可以分为原子核和电子，原子核含有质子和中子。

电荷分为正电荷和负电荷。原子中的质子带正电荷，电子带负电荷，中子不带电，原子核总体上带正电荷。

原子核几乎不动，电子的移动就会引发各种电现象。电荷的多少叫作电荷量，简称为电荷。电荷的单位是库仑（C），1个电子的电荷量约为1.6×10^{-19} C。

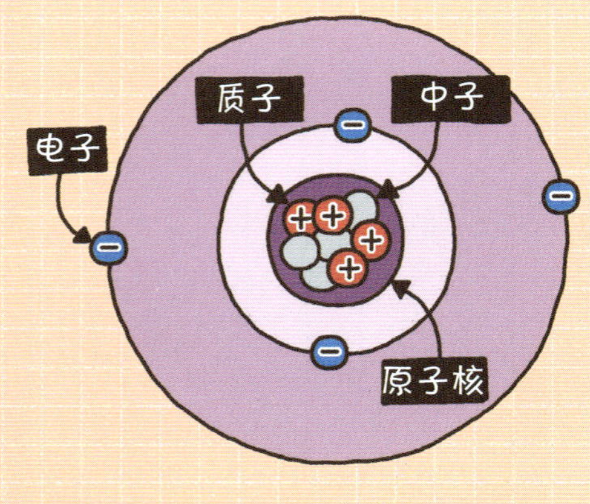

铍原子的结构

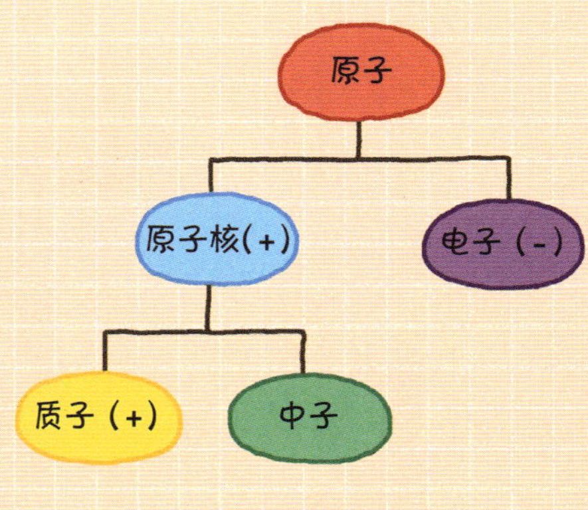

原子和电荷

什么是中子

中子是原子核的组成粒子，呈电中性。

原子核由质子和中子组成，中子可以减少带正电荷的质子间的斥力。

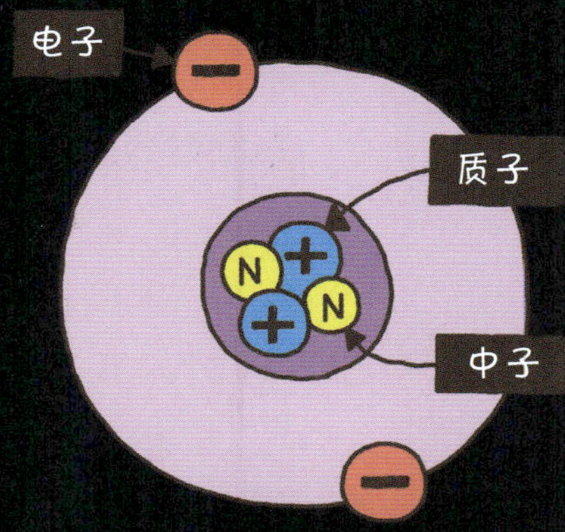

什么是电子

电子是原子的一部分，带负电荷。

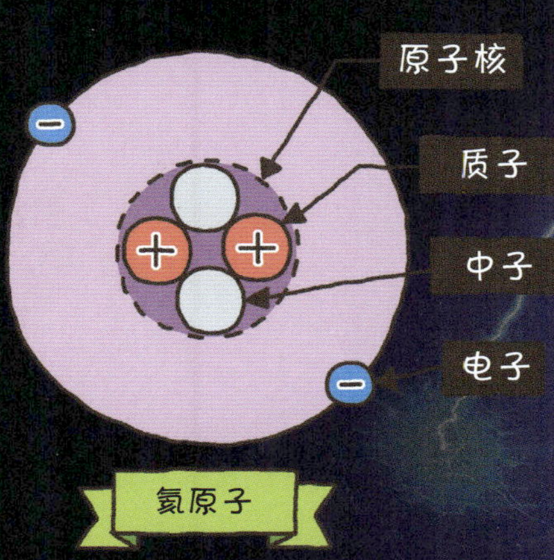

人类发现“电”的小故事

电是因电荷移动而产生的现象或能量。

公元前600年，希腊科学家泰勒斯发现羊皮摩擦过的琥珀会吸附灰尘或线头，这是关于电的最早记录。但是泰勒斯当时并没有找到原因。后来人们发现用毛皮擦拭琥珀，还会吸附小纸片或头发等。

英国科学家威廉·吉尔伯特第一次将用布擦过的琥珀沾上灰尘的现象与电联系起来，他通过一系列实验证明除琥珀和毛皮外的其他物体相互摩擦，也会出现同样的现象。吉尔伯特给这一现象取名为电，电的英文单词electricity，源自希腊语的琥珀（elektor）。

在科学领域，人们很少使用“电”这个名称，更多地使用电荷、电流、电压、电场等更为具体的用语。

知识拓展　琥珀

琥珀是松脂被长时间埋在地下后形成的矿物，硬度低，有光泽，多用于制作手工装饰品。

什么是绝缘体

绝缘体是不容易传导电荷的物体。

纸、玻璃、木头、橡胶都是绝缘体。绝缘体的电阻非常大，所以无法传递电流。

与绝缘体相反，电流能够轻松通过的物质叫作导体。

在制造电器时，通常会同时使用导体和绝缘体。电线中用到的铜就是导体，能使电流轻松通过；电线外面包裹的则是塑料，塑料是绝缘体，这样我们使用电线的时候，就不容易发生触电事故。

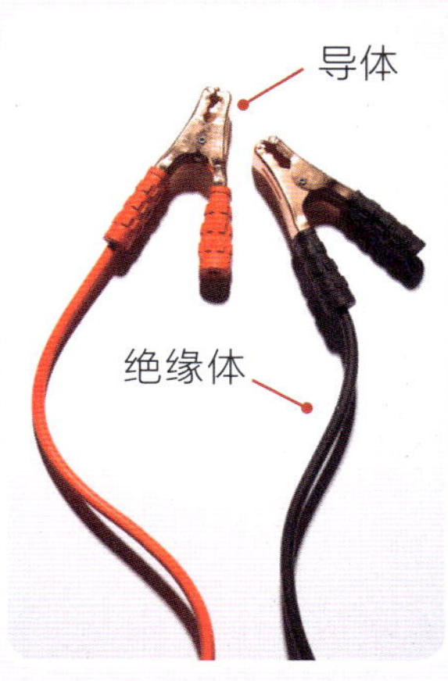

大部分金属都是导体

导体就是易导电的物体。

铜、金、银、铝等大部分金属均为导体。石墨虽然不是金属，但也是导体。导体导电的原因是具有大量的自由电子。

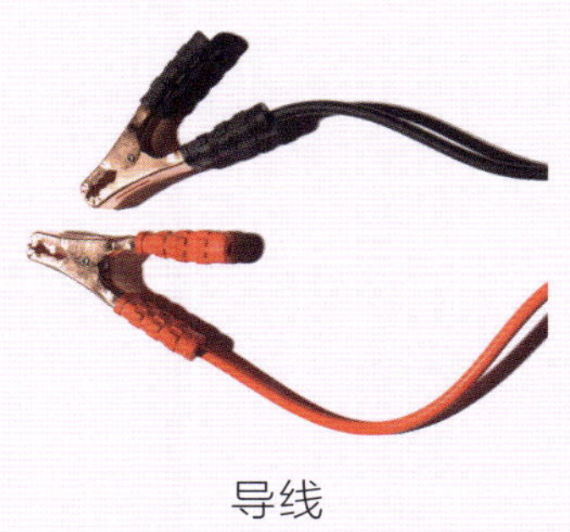

导线

知识拓展　电线

银和铜的电阻都小，但是由于银很贵，因此常用铜丝来制作电线。

什么是半导体

半导体是导电性能介于导体与绝缘体之间的物质。

半导体平时是绝缘体，但如果加入其他物质或是进行加热、光照等，就会变成导体。硅、锗等物质就是半导体。

半导体主要用于需要调节电流的电子产品零部件和太阳能电池。

使用半导体的电子零部件

纳米究竟有多长

纳米技术就是研究纳米材料的科学技术。

纳米（nanometer）源自古希腊语nanos，意为矮小。纳米符号为nm，1纳米为0.000 000 001米。1959年，美国诺贝尔物理学奖获得者理查德·费曼教授提出可以将24本词典全部记录在 1 个发夹上的设想，虽然不可思议，但这是首次预测了纳米时代的到来。

原子力显微镜是纳米技术的代表性应用，它既可以测出纳米级的大小，又可以作为切、剪、移动受检测样品的工具使用。

另外，在计算机半导体上放入以纳米为单位的电路，就可以在非常狭小的空间里储存很多信息。因此随着科技的发展，电脑变得更薄、更小、更轻。纳米技术还应用在家电产品上，如空调、纳米银离子洗衣机等。

模仿荷叶上的纳米级颗粒设计出的不会被水打湿的衣服。

电脑中装有运用纳米技术的半导体。

低能耗、高清晰度的有机发光半导体。

用纳米复合材料制成耐打的网球拍。

生活中的纳米技术

知识拓展 碳纳米管

碳纳米管是由碳原子组成的六边形相互连接形成的管状新材料，由于管的直径只有几十纳米，因此被称为碳纳米管。于1991年由日本的饭岛澄男博士发现。碳纳米管的导电、导热性能像铜一样出色，比铁坚硬100倍，被广泛用于半导体、平板显示器、电池、超强力纤维等。

发光二极管

发光二极管是使用半导体将电流转化为光的电子元件。

发光二极管比早期的电灯泡更小、寿命更长。电灯泡会同时发光发热，但发光二极管只发光，不发热，因此比电灯泡更省电。

发光二极管有两只灯脚，一只长一只短，长脚连接电源的正极，短脚连接电源的负极，这样灯才会亮。

发光二极管可以代替灯泡使用，也可以用于电视机屏幕、大型电子屏幕以及信号灯等。

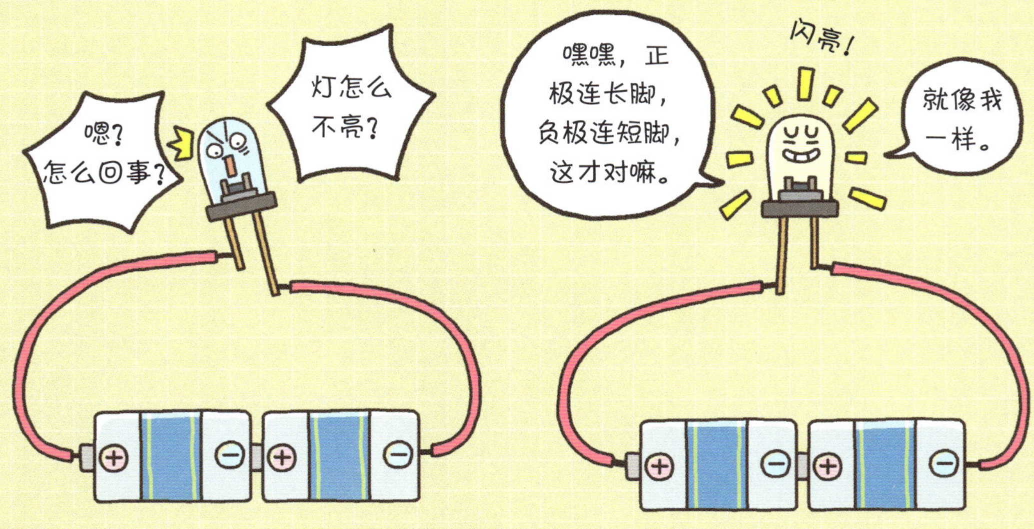

你见过白炽灯泡吗

白炽灯泡是靠电发光的装置。

白炽灯泡由玻璃外壳、灯丝、金属架、金属触点、灯头组成。灯丝是通电后发光的部分，由钨制成。玻璃外壳用透明的玻璃制成的，可以保护灯丝，并让光线通过。由于钨丝遇到空气时容易被氧化，所以在玻璃外壳内会充满氩气这种惰性气体。灯丝下方有两个金属架支撑，金属架起到支撑灯丝和导电的作用。一个金属架连接金属触点，另一个连接灯头。要想点亮灯泡，必须将电线连接到灯头和金属触点上。

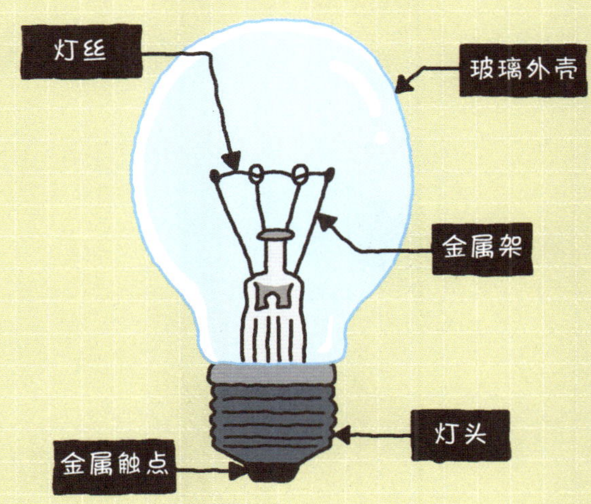

白炽灯泡的构造

知识拓展　白炽灯逐渐退出历史舞台

现在，白炽灯逐渐被能效高的荧光灯和发光二极管取代。

1 分钟了解电池

电池是将物质发生化学或物理反应所产生的能量转化成电能的装置。

最早的电池是由意大利物理学家亚历山德罗·伏打发明的伏打电池。

伏打电池是通过两块金属板（锌和铜）和强酸溶液的化学反应发电的电池。现在最常用的干电池的基本原理和伏打电池相同。

汽车上用的铅酸蓄电池可以充放电反复使用。太阳能电池中的半导体受太阳光照射后可以产生电能。

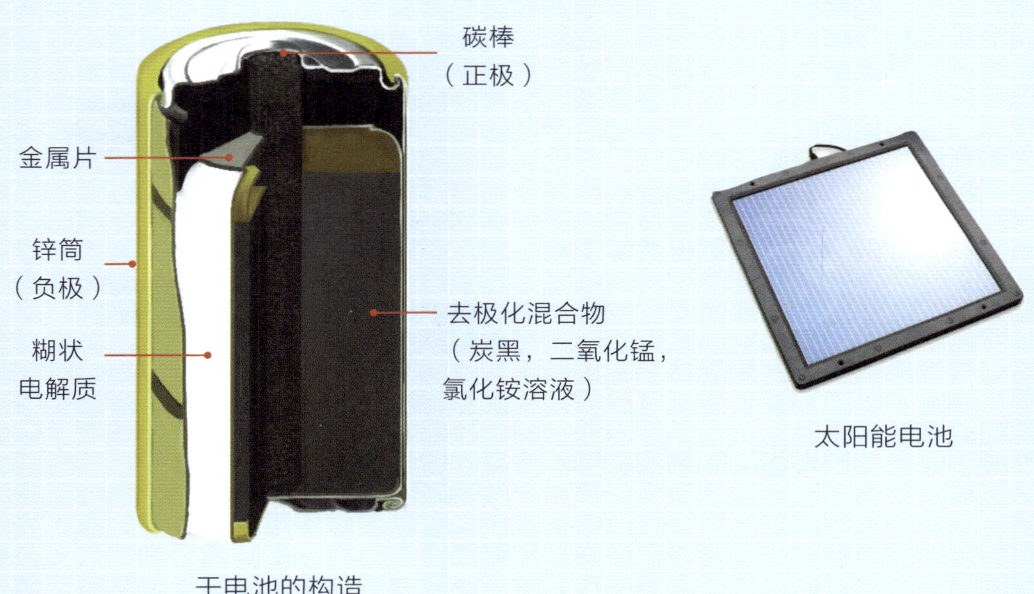

干电池的构造

太阳能电池

知识拓展　电池的串联和并联

将电池的正极与其他电池的负极连接在一起，叫作电池的串联，总电压相当于所有电池电压的和。例如，将四个 1.5 V的电池串联在一起，总电压为 1.5 V + 1.5 V + 1.5 V + 1.5 V = 6 V。因此需要大电压时，可以将电池串联。

将电池的正极与正极、负极与负极相连，叫作电池的并联。如果将相同电压的电池并联在一起，总电压相当于其中1个电池的电压，无论并联多少个 1.5 V的电池，总电压仍为 1.5 V。虽然电压依然只有 1.5 V，但是电池可以用很久。

伏打电池的原理

伏打电池是把锌片和铜片浸入稀硫酸，以产生电流的电池。

伏打电池是由意大利物理学家伏打于1799年发明的。其中，锌片是负极，铜片是正极。伏打电池不能充电，电池的使用时间越长，产生的电流越弱，现在已经不再使用这种电池。

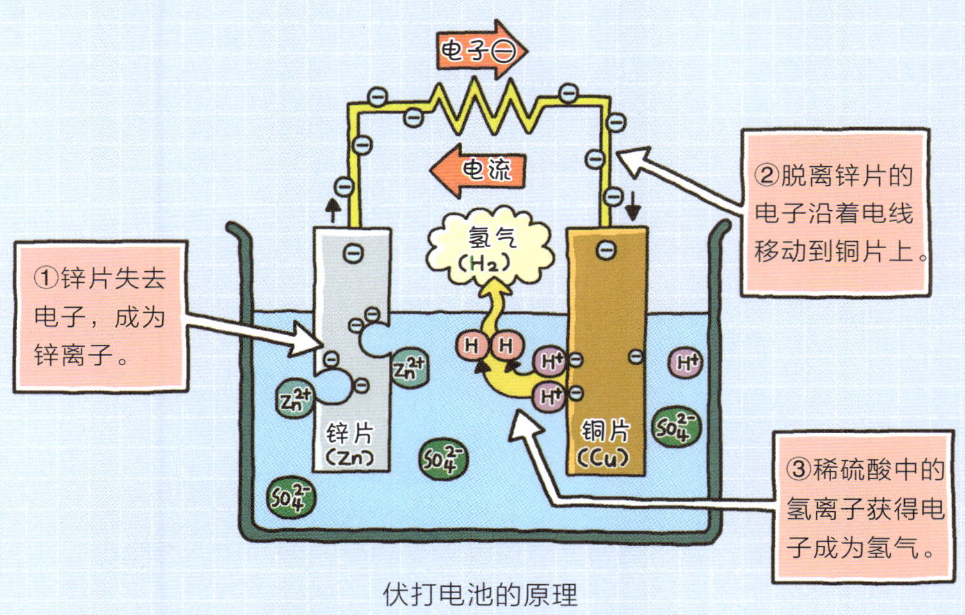

伏打电池的原理

快速了解电流

电荷的定向移动形成电流。

电流由正极流向负极，单位为安培（A），简称安。电流分为直流电和交流电，直流电是指电流大小和方向不变的电流，交流电是指电流大小和方向周期性改变的电流。

电流通过导线时会产生两种作用：一是使导线发热，电热器就是利用这种性质制造的；二是使导线具有像磁体一样的性质，利用这种性质可以制造出电磁铁和电动机。

知识拓展 电流的方向和电子的移动方向

科学家们最初发现电流时，认为正电荷是从电源的正极向负极移动。因此，将电流的方向定为从正极到负极。

但是后来科学家们发现了电子，并发现电流是由电子的移动产生的。电子是从电源内部的负极移向正极。

由于长期以来一直认为电流的方向是从正极到负极，很难改变固有的观念，因此现在将电流的方向和电子的移动方向这两个概念分开使用。

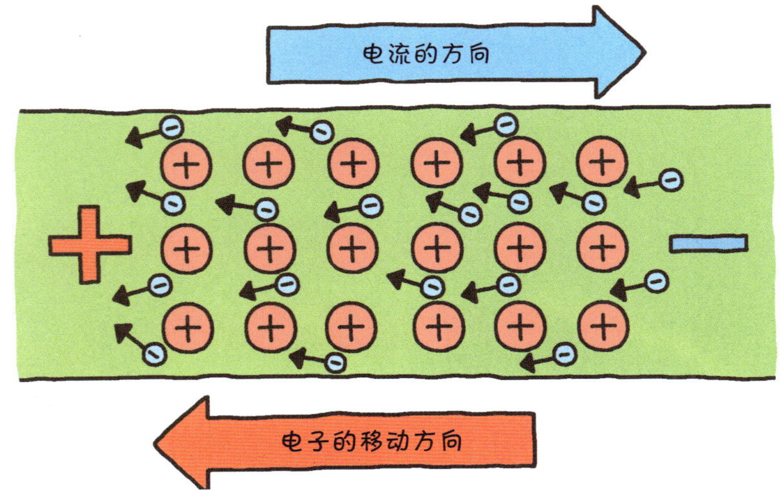

什么是自由电子

自由电子是物质内可自由活动的带负电荷的粒子。

电子是构成原子的基本粒子，原子中心有带正电的原子核，其周围有带负电荷的电子。电子中有可自由移动的自由电子。如果导线内的自由电子向一个方向移动就会形成电流，因此易导电的金属内自由电子较多，而绝缘体内几乎没有自由电子。

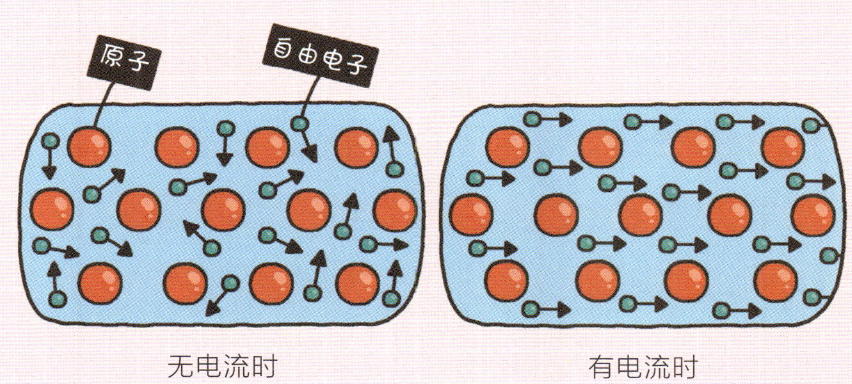

自由电子的移动

什么是电流表

电流表是测定电路中电流强弱的仪器。

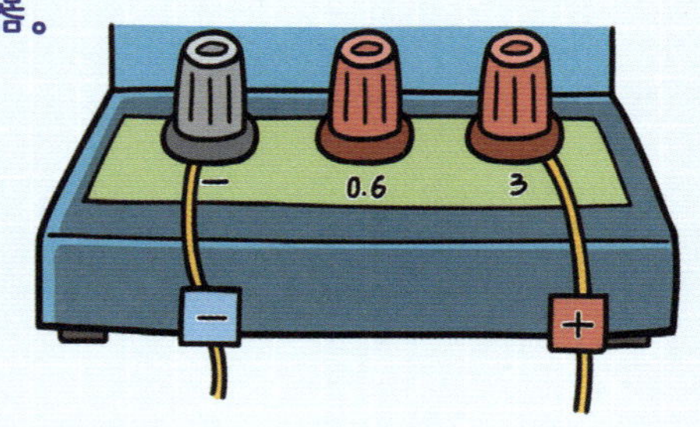

电流表的红色接线柱连接从电池正极连出的导线，黑色接线柱连接从电池负极连出的导线。红色接线柱旁边写的数字表示各接线柱所能测量的最大电流。

若接线柱旁写着3 A（安），则表明最多可以测量出3 A的电流。

由于正极连接的是 3 A 的连线柱，所以该指针指向的电流为 0.7 A 。

什么是检流计

检流计是检测微弱电流和短暂脉冲电量的电表。

用小灯泡和电流表就可以检验是否存在电流，但是如果电流十分微弱，小灯泡可能会不亮，电流表指针也可能不发生摆动。因此需要检流计来检验电流是否存在，同时也可以测出电流的大小。检流计有时也可以单纯用于测电流的方向，指针的摆动方向即为电流的方向。

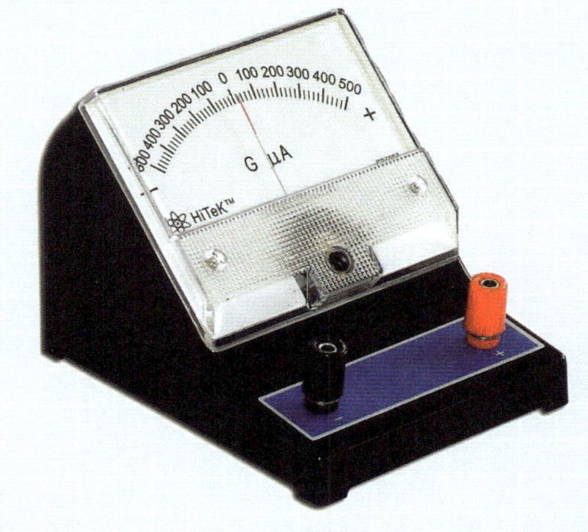

检流计

用水流类比电流

电压就是电路中使电流流动的压力。

要让一段电路中有电流，它的两端就要有电压。电源的作用就是给用电器两端提供电压。电压用字母*U*表示，单位为伏特（volt），简称伏，符号是V。一般干电池的电压为1.5 V，我国家庭用电的电压为220 V。

神奇的电流

知识拓展 用水流类比电流

在自然条件下，水从高处流向低处。水在流动时会冲击水轮机，使它带动发电机发电。正电荷也是从正极流向负极，使电路中的灯泡发光。

为了便于研究，人们就把对水流的一些认识应用到电流上，这就是类比的方法。通过比较事物或现象间的相似之处，用熟悉的事物或现象来帮助我们更好地理解不熟悉的事物或现象。

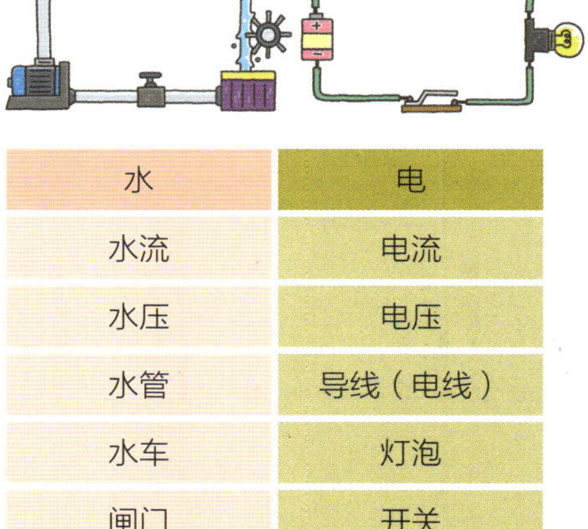

水	电
水流	电流
水压	电压
水管	导线（电线）
水车	灯泡
闸门	开关

教你画简易电路

电路是由导线和用电器组成的电流可流通的路径。

电流无法在断开的电路中流动，电流可以流通的电路叫通路，断开的叫断路。

根据连接方法，可以将电路分为串联电路和并联电路。

串联电路是将2个及以上的灯泡或电池首尾依次相连成一串的电路，串联电路中电流的路径只有1条。

并联电路是将2个及以上的灯泡或电池并列连成的电路，并联电路中电流的路径有2条或2条以上。

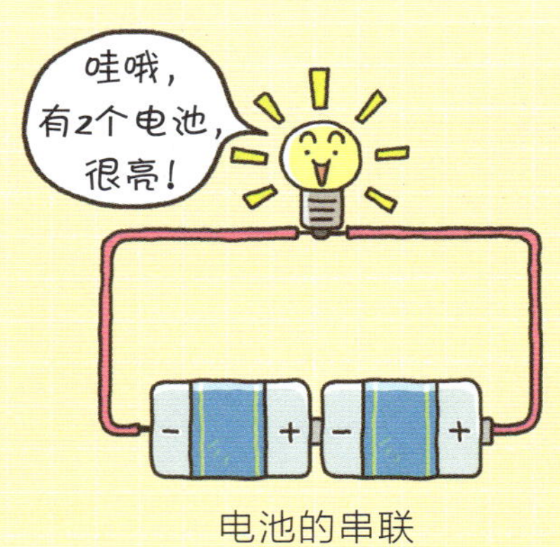

电池的串联

电池的并联

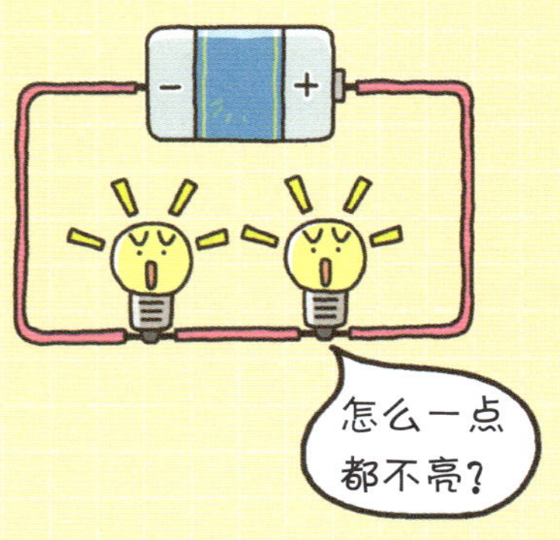

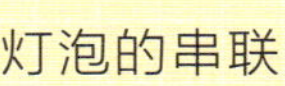
灯泡的串联

灯泡的并联

知识拓展 电路元件符号和电路图

用简单的符号表示电路中使用的元器件，这种符号称为元件符号，用元件符号表示电路连接的图被称为电路图。

名称	符号	名称	符号
电源(电池)		开关	
导线		灯泡	
电阻		滑动变阻器	
电流表		电压表	

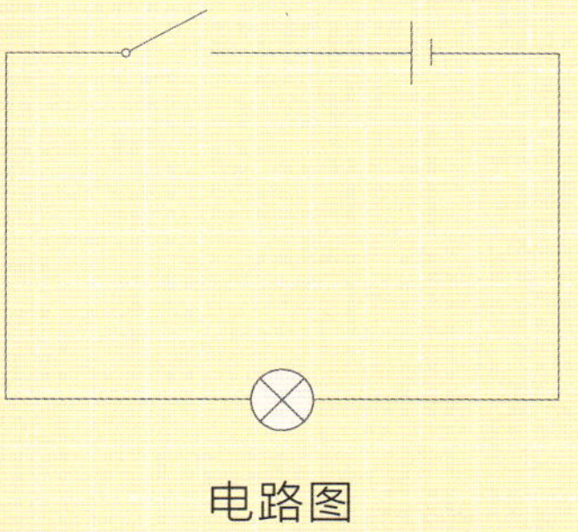

电路图

什么是电压表

电压表是测量电路中电压的仪器。

由于正极连接的是 15 V的接线柱，因此该指针指向的电压为 0.35 V。

电压表和电流表不同，不需要与电灯泡或电阻串联，而是通过并联连接。电压表的红色接线柱连接从电池正极连出的导线，黑色接线柱连接从电池负极连出的导线。红色接线柱旁边写的数字表示各接线柱所能测量的最大电压，连接的接线柱必须符合要测定的电压的范围。

在不确定电压时，先连接可测量电压值较大的接线柱，大致把握电压的大小后再连接数值较小的接线柱。正极连接在不同的接线柱上，就要读取不同的量程。例如，如果连接的是 15 V的接线柱，就要读 15 V对应的量程。

快速了解电阻

电阻是导体对电流的阻碍作用。

电阻越大，电流越不易流动。银和铜由于电阻小，所以多用作电线。产生电阻的原因与物质的结构有关，构成物质的最小粒子叫作原子，原子是由原子核和电子组成的，用导线连接电池后，电子会向一定方向移动，产生电流，这时电子如果撞到原子，运动受阻，就会产生电阻。电阻的单位是欧姆（ohm），简称欧，符号是Ω。

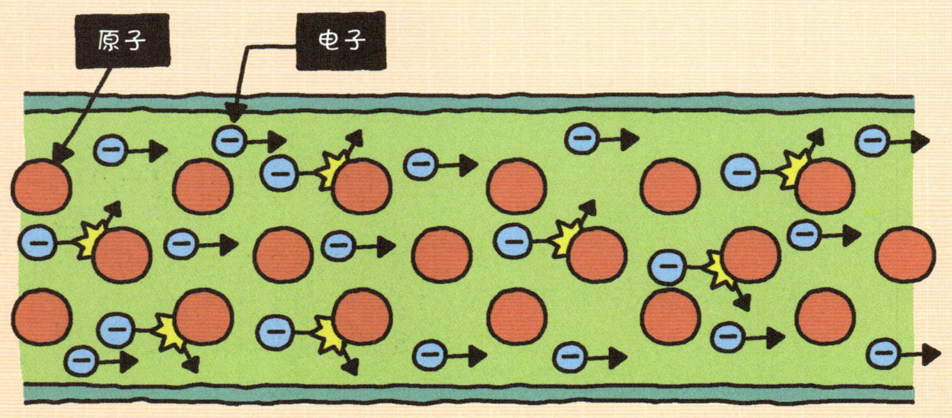

产生电阻的原因

知识拓展　电阻

电阻器越长，电阻值越大，电流越小；电阻器越短，电阻值越小，可通过电阻的电流越大。可以通过调节电阻器的长度改变可通过的电流的值。可调节电阻值的电阻器叫可变电阻器，常用作调节收音机音量的器件。

根据用途不同，电阻器可以分为固定电阻器、排阻（也就是网络电阻器）、半固定电阻器和可变电阻器等。固定电阻器是指电阻值确定的电阻器。排阻是指由多个电阻组合制成的网络电阻器。第一次使用半固定电阻器前需要先调节好电阻值。

根据材料的不同，电阻器也分为碳膜电阻器、金属膜电阻器和线绕电阻器。

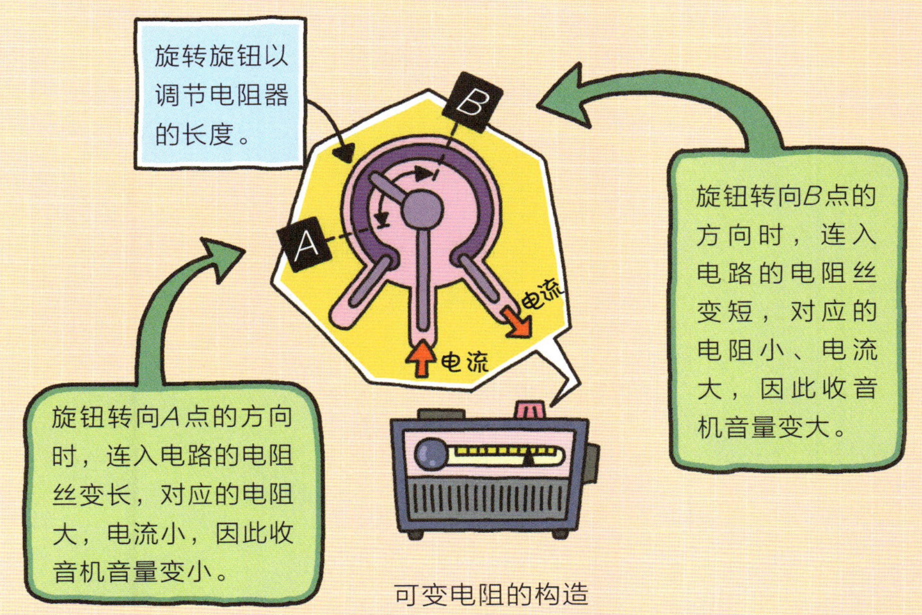

可变电阻的构造

欧姆定律

电路中，电流和电压成正比，和电阻成反比。

德国物理学家欧姆于1827年归纳出了欧姆定律。

导体中的电流，和导体两端的电压成正比，和导体的电阻成反比。U表示导体两端的电压，R表示导体的电阻，I表示导体中的电流，公式如下：

$$I = \frac{U}{R}$$

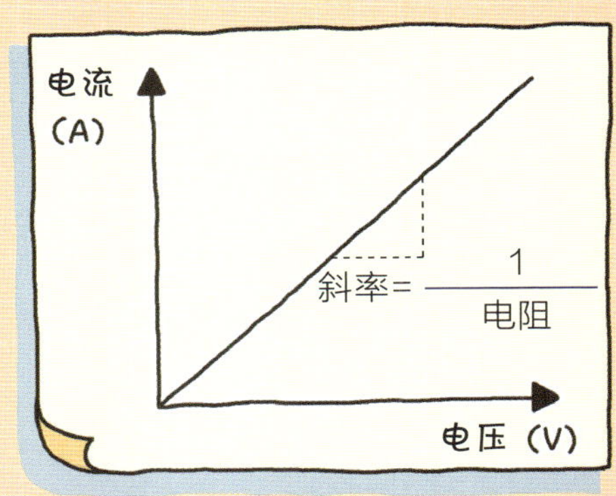

对于导体，只要知道其中的两个量，就能用欧姆定律求出另一个量。

保险丝能预防什么事故

保险丝学名叫作“熔断器”，是电流过大时能自动熔断的装置。

当电路发生故障或异常时，常伴随电流不断升高，并且升高的电流有可能损坏电路甚至烧毁电路，而保险丝就可以防止这种事故发生。

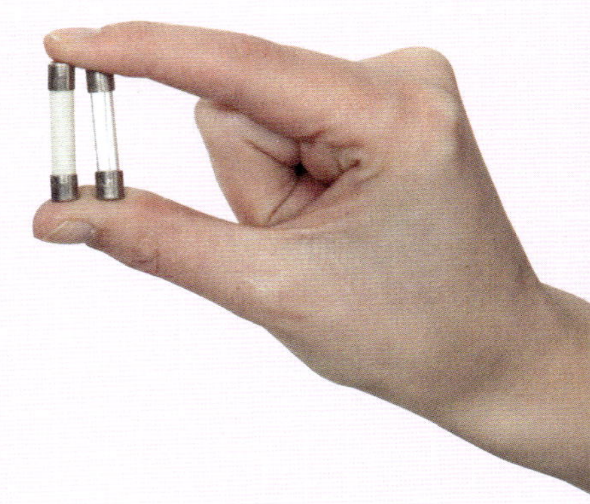

电线中的电流如果达到一定大小，电路中产生的热量就会使保险丝熔断，这样电路就会断开。一般使用铅锑合金制作保险丝，这些材料的熔点较低，很容易熔断。

来看看磁体周围的磁感线

磁场是有磁力作用的区域。

存在磁力影响的区域被称为磁场。金属片即使和磁体有一定距离，也会被磁体所吸引，这是因为磁体周围存在磁场。

在磁体周围撒上铁粉，就能知道磁场的分布。铁粉形成的曲线叫作磁感线，磁感线能表明磁场的强度和方向。

磁感线越密的地方，磁场越强。磁场在两极最强，离两极越远，磁场越弱。

条形磁体周围的磁感线

你玩过磁体吗

磁体是能够吸引金属的磁石。

磁体吸引金属的性质叫磁性。

磁体有南极（S极）和北极（N极），两极的磁性最强。磁体具有同性相斥、异性相吸的性质。

电磁铁由线圈和铁芯组成，它的磁性会根据外部条件变化而产生或消失。

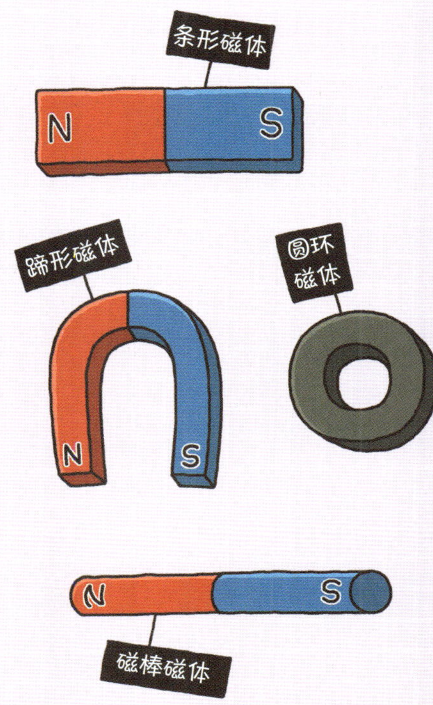

什么是磁化

磁化是使物体带有磁性的现象。

使物体磁化的办法是将其放在磁场内。

例如，长期贴在磁体上的铁钉，即使远离磁体，也具有磁性。但并不是所有物体都能被磁化，木头放在磁场里再久也不会被磁化。

用磁体的一极
向同一方向摩擦，
钉子会被磁化。

地球的磁极和地理的南北极重合吗

地球磁场是指地球周围分布的磁场。

在地球上，指南针总是指着地磁北极，这是因为地球相当于巨大的磁体。地球的地理北极为S极，S极的位置就是磁南极。地理南极为N极，N极的位置就是磁北极。磁极与地理上的南北极并不完全重合。磁北极和磁南极的连线，与连接地理南北极的地球自转轴形成了约11.5°角。磁北极和磁南极的位置在缓慢变化，磁性在逐渐变弱。人们还不确定地球产生磁场的具体原因，但据推测是由于地球内的液态铁和镍缓慢对流而产生的。

地球磁场还能阻止来自太阳的有害粒子进入地球。如果没有地球磁场，地球上的生物也无法存活。地球磁场并不是一成不变的，在过去的500年间，人类已知地球磁场有过20次左右的变化。

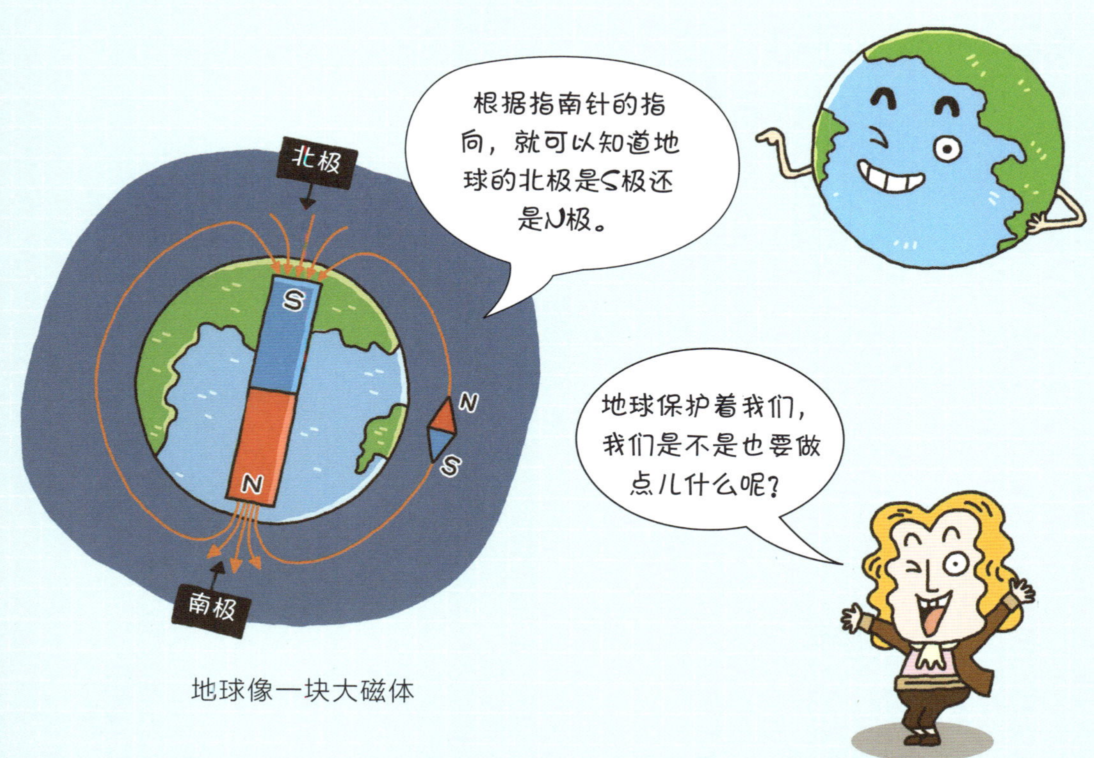

地球像一块大磁体

地球周围的磁场

知识拓展 能够利用地球磁场的动物

鸽子能够利用地球磁场导航，海龟在产卵期能够利用地球的磁场远航到达产卵地……地球上，有很多动物能够利用地球磁场导航，但是我们还没有从它们身上找到感知磁场方向的感觉器官。

你会使用指南针吗

指南针是利用磁体的性质辨别方向的仪器。

指南针的磁针是磁体，S极指向地球的南极，N极指向北极。指南针之所以可以指南北，是因为地球本身也是一块巨大的磁体。

早在2000多年以前，中国就开始使用指南针（司南），之后指南针经阿拉伯传播到欧洲。有了指南针，人们就可以去更远的地方航行。

地球是一个巨大的磁体，它的北极是S极，南极是N极。因此指南针的N极指北，S极指南。

北极

南极

知识拓展 制作简易指南针

1. 将针在磁体上朝着同一方向反复摩擦。
2. 把磁化的针，放在漂在水面的叶子上。
3. 磁针停下后确认磁针指的方向。

指南针

安培定则

安培定则是关于通电导线中的极性和电流方向之间关系的定则。

通电导线具有与磁体类似的性质，外部周围会产生磁场。法国科学家安培通过实验发现通电导线的磁场方向与电流的方向有关。

如果用右手握住通电直导线，让拇指指向直导线中电流的方向，那么四指指向的就是通电直导线周围磁场的方向。

如果用右手握住通电螺线管，让四指指向螺线管中电流的方向，那么大拇指所指的方向就是螺线管的N级。

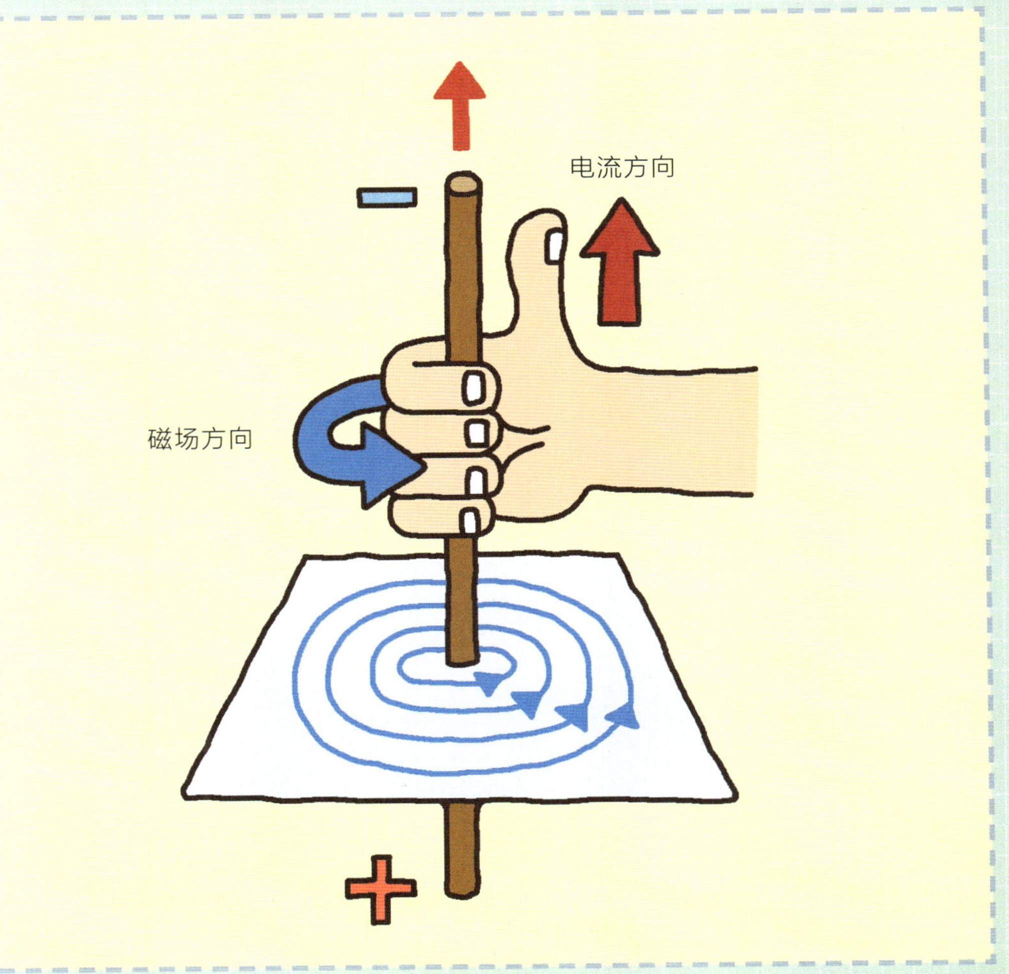

你能举出周围利用磁力的例子吗

磁力是磁体之间、磁体和金属之间的作用力。

磁体有N极和S极，同性相斥、异性相吸。而金属和磁体只会互相吸引。磁体的磁性越大，磁体和磁体（或金属）之间的距离越近，磁力就越强。

磁体两端的磁力比中间部位的磁力强。不论物体是互相接触，还是隔开一定距离，磁力都会产生作用。

我们周围利用磁力的例子有用电磁铁提起废铁、贴在冰箱上的冰箱贴、包上的磁体扣和磁悬浮列车等。

动手做一个电磁铁

电磁铁只有在有电流通过时才有磁性。

在铁钉上缠上漆包线，通电后就会变成电磁铁。导线越粗，缠的圈数越多，电流越大，磁性越强。

知识拓展 **电磁铁的制作方法**

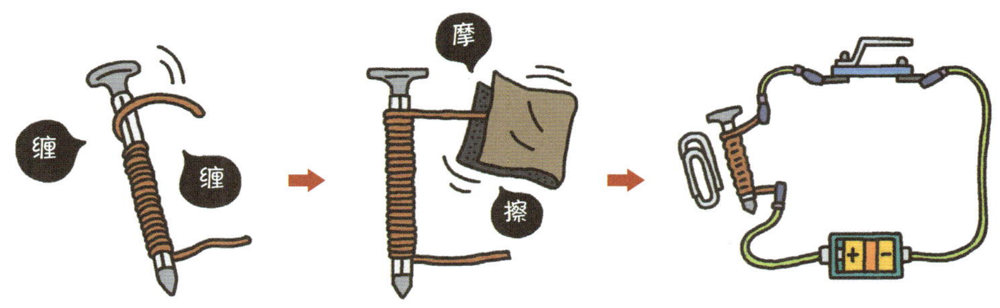

在用纸包裹的铁钉上紧密缠绕漆包线。

用砂纸打磨掉漆包线两端的漆皮。

将漆包线两端连入电路。

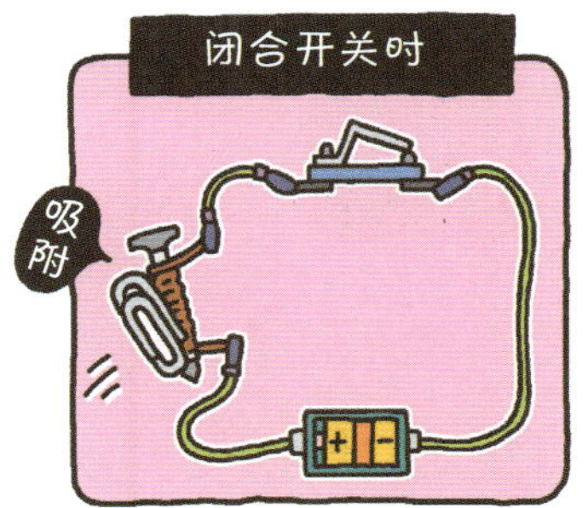

将用漆包线缠绕的钉子靠近回形针，闭合、断开开关，观察回形针的变化。

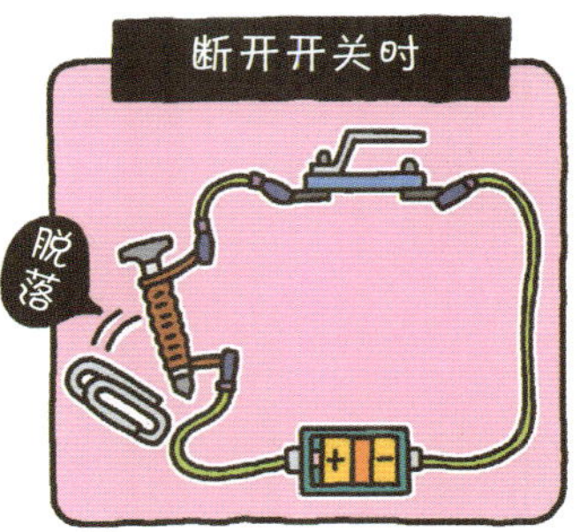

闭合开关，回形针被铁钉吸附。断开开关，回形针掉落。

常见的发电方式有哪些

发电就是生产电力的过程。

当线圈在两块磁体之间转动时，线圈中就会产生电流，这种装置就叫作发电机。带动线圈转动的装置叫作涡轮，除了太阳能发电，其他发电都要用到涡轮。根据转动涡轮的外力的不同，可以分成水力发电、火力发电、核能发电等。

水力发电

利用水落下的力带动涡轮转动，属于清洁能源。但对建造地点有要求。

火力发电

燃烧化石燃料（石油、煤炭、天然气）将水煮沸，利用产生的水蒸气带动涡轮转动。建造成本低，对建造地点没有要求。会排放大量温室气体，加快全球变暖。

核能发电

放射性物质裂变时产生的热能将水煮沸，利用产生的水蒸气带动涡轮转动。不排放温室气体，而且原材料价格低廉。但放射性物质一旦泄漏会造成严重危害。

潮汐能发电

通过涨潮时蓄水、退潮时放水的方式带动涡轮转动。是无公害的清洁能源。但对建造地点有要求。

风力发电

利用风力带动涡轮转动，是无公害的清洁能源。对建造地点有要求，单次发电无法生产大量电能。

太阳能发电

使用太阳能电池将接收到的太阳光能转化为电能。不会产生污染物质，也没有燃料成本。只可用于日照量多的地区，且太阳能电池的效率不高。

来看看电动机

电动机就是利用电能旋转的设备。

有电流通过的导线，周围会产生磁场，如果在该导线周围放置磁体，磁体之间的力就会发挥作用，因此可以制造持续旋转的装置。电动机将电能转化为机械能，多用于电风扇、洗衣机、电脑等电器。

电动机的结构

你乘坐过磁悬浮列车吗

磁悬浮列车是利用磁力作用使车辆悬浮在导轨上实现运行的列车。

由于磁悬浮列车在轨道上悬浮运行，所以几乎不会出声，晃动较小，可以保持高速运行。

磁悬浮列车利用磁体同性相斥、异性相吸的原理，即利用同极之间的斥力让火车悬浮，利用异性相吸牵引列车运行。

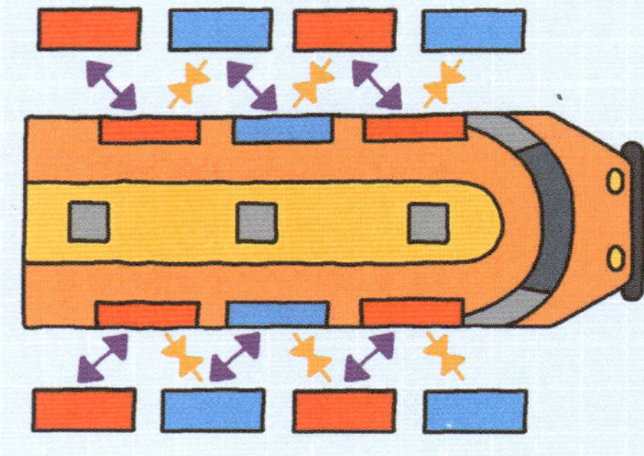

根据火车位置的不同，轨道中磁体的极性需不断改变，因此会同时用到永磁体和电磁铁。

磁悬浮列车最快时速能达到600千米哦！

什么是电解质

电解质是溶于水溶液中或在熔融状态下自身能导电的化合物。

如果将电池连接到电解质溶液中，溶液中带负电荷的阴离子会被吸引到电池正极，带正电荷的阳离子会被吸引到电池负极。

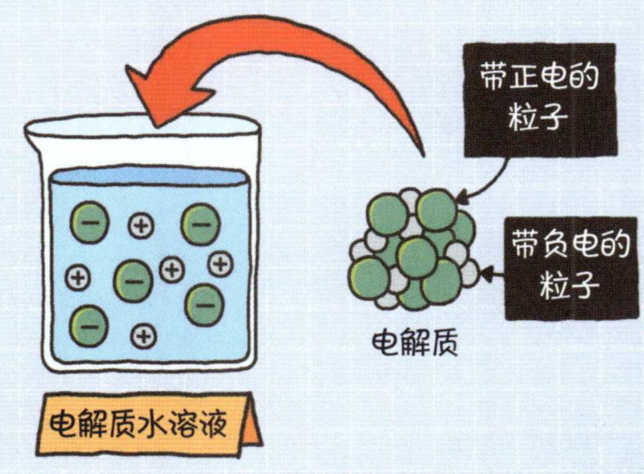

电解质包括氯化钠、硫酸铜等固体，还包括硫酸溶液、盐酸、硝酸溶液等液体。

溶解后也无法使电流流动的物质叫作非电解质，包括白糖、淀粉、乙醇等。

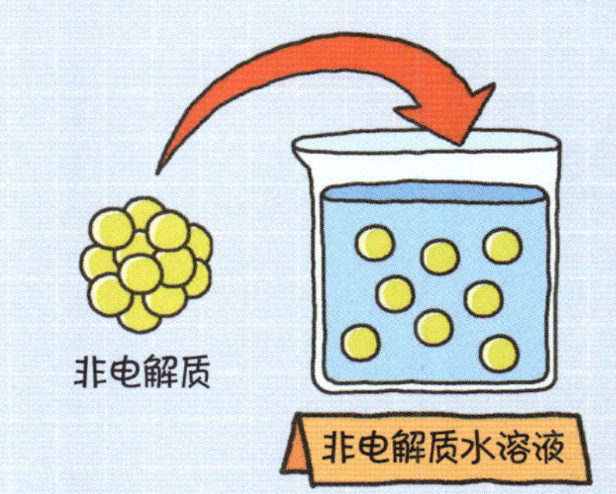

什么是非电解质

非电解质是溶于水溶液或在熔融状态下都不能导电的化合物。

要想让溶液导电，溶液中就必须有离子。糖、淀粉、酒精、葡萄糖、甘油等物质即使放进水中，也仅仅是颗粒会变小，而不会离解出离子。溶液中没有离子，自然也就不能导电。

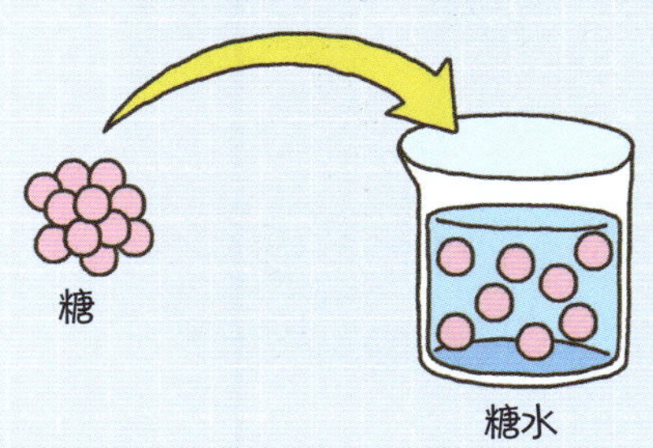

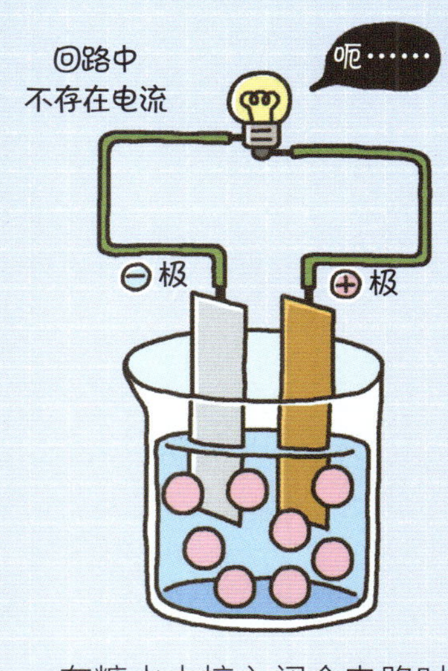

在糖水中接入闭合电路时

双金属片的工作原理是什么

双金属片是两种受热膨胀程度不同的金属片贴在一起组成的装置。

把两种受热膨胀程度不同的金属片贴在一起，加热后一侧的弯曲程度大，一侧的弯曲程度小。它们整体会向弯曲程度较小的一侧弯曲。

双金属片正是利用了这样的原理（金属片的弯曲程度能随温度高低改变），从而自动控制电流的流动。双金属片一般用于保温电饭煲、电热毯等的温度调节装置。

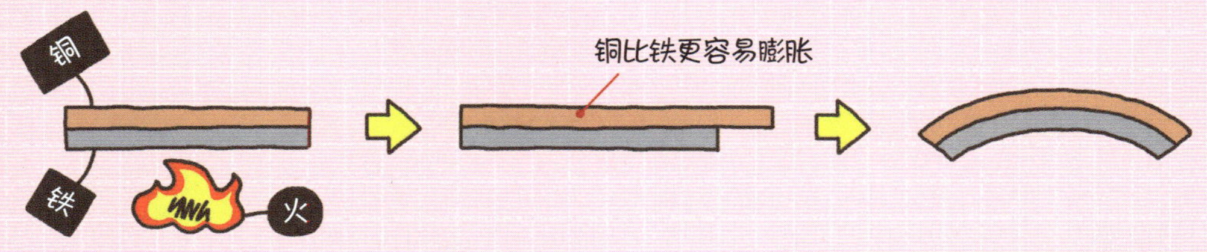

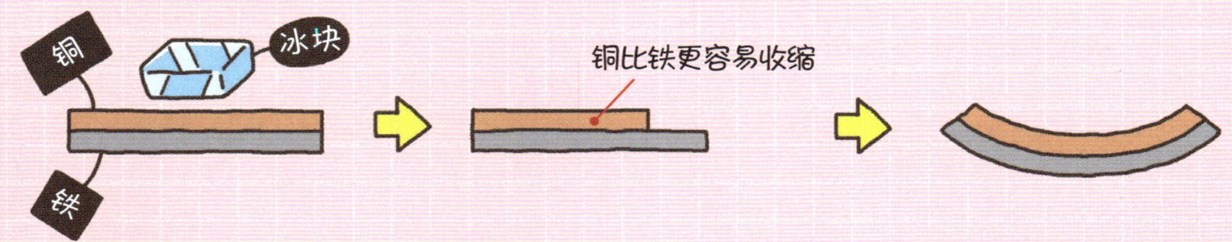

双金属片的工作原理

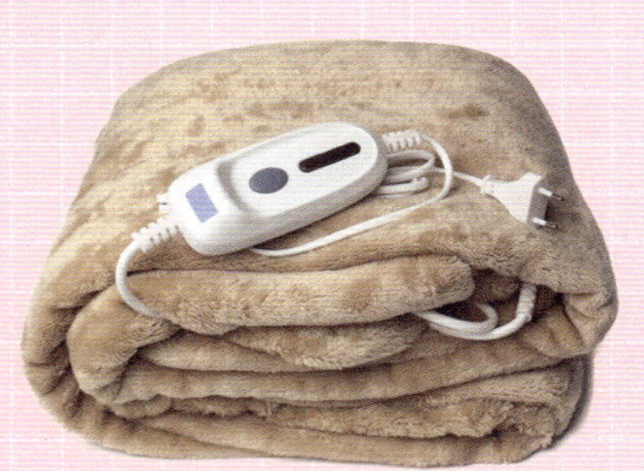

索引

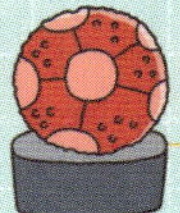

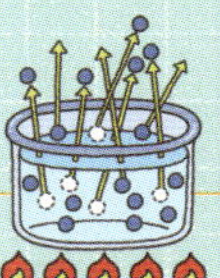

N
S
S
N